中学生の質問箱

音楽ってなんだろう?

知れば知るほど楽しくなる

池辺晋一郎

平凡社

私たちの生きる社会はとても複雑で、よくわからないことだらけです。困った問題もたくさん抱えています。普通に暮らすのもなかなかタイヘンです。なんかおかしい、と考える人も増えてきました。

そんな社会を生きるとき、必要なのは、「疑問に思うこと」、「知ること」、「考えること」ではないでしょうか。裸の王様を見て、最初に「おかしい」と言ったのは大人ではありませんでした。中学生のみなさんには、ふと感じる素朴な疑問を大切にしてほしい。そうすれば、社会の見え方がちがってくるかもしれません。

中学生の質問箱

音楽ってなんだろう？

知れば知るほど楽しくなる

もくじ

はじめに

音楽ってなんだろう……。答えはひとつとは思えません。音楽家として生きているぼく自身だって、日によって答えが変わるかもしれない。簡単とも、むずかしいとも言える設問です。

ところで、自己紹介をしなくていけませんね。ぼくは、作曲家です。音楽をつくる仕事をしています。つくるものは、歌や合唱、つまり声のためだったり、ピアノなど楽器のため、あるいはその複数——三重奏《さんじゅうそう》や四重奏、吹奏楽《すいそうがく》やオーケストラなど——のためだったり、バレエやダンスのためだったり、あるいはテレビ、ラジオのドラマや映画、舞台の芝居のためだったりと、いろいろです。校歌や会社の歌（社歌《しゃか》）ということもあります。

でも、音楽をつくるって言いましたが、音楽って、それが鳴っているとき、響《ひび》いているときにしか存在していません。存在しないものをつくるなんて、不可能じゃない？　だからぼくは、鳴るための、響くための手立《てだ》てというか、きっかけになるものをつくるしかありません。そのためにはいろいろな方法があるでしょうが、ぼくの場合は、楽譜《がくふ》を書きます。楽譜は記号集にすぎず、それ自体は音楽ではありません。歩いたり、車を運転するときの地図みたいなものです。でも、それをモトに音を鳴らしたり、響かせたり、いっしょに合わせたりすることができる。

ですが、音は一瞬《いっしゅん》にして「通り過ぎていくもの」です。本を読んでいて、「あ、これは何だったかな」と思えば、ページをめくり返して、もう一度見ることができる。でも、音楽はそうはいかない（もちろん、CDなどなら「再度聴く」ことも可能ですけどね）。そこで音楽は「時間芸術」と呼ばれます。「時間」に関わるのは「記憶《きおく》」。記憶によって楽しむための仕掛け。だから音楽は「記憶に支えられた装置《そうち》」と言うこともできる。そのための工夫《くふう》が、音楽には不可欠です。もう少し詳しく言えば、「覚えておいてほしいところ、気をつけて聴いてほしいところ」と「気楽に聴いてくれていいところ」があるわけ。ややむずかしく言い直せば「緊張《きんちょう》」と「弛緩《しかん》」ということになります。この二つが鎖《くさり》のようにつながっているんですね。そのようになっていることを、音楽の「形式」と呼んだりします。つくる側は、この「形式」を考えながらつくるわけですが、もちろん聴く人がそんなことをいちいち考える必要はありません。でも、この「形式」に、無意識に誘導《ゆうどう》されつつ聴くことになるんですね。どんな長い音楽でも、いや、長ければ長いほど、この「誘導のされかた」が重要になってきます。

ま、そんなことはこの本のナカミでお話ししましょう。いずれにせよ、街《まち》に音楽はあふれています。商店街やスーパーマーケットにもたいてい音楽が流れているし、今や音楽なしのゲームはないでしょうね。サッカーや野球だって、応援する人は必ず歌っています。もしかすると音楽は、あって当たり前のものになっているのかもしれません。考えかたによっては、音楽は聴くものではなく、誰も聞いていなくても、ただそこに流れているものになっているのかもしれません。

どうしてもなくちゃならないってものじゃない。まぁ、なくたって生きていけるでしょう。でも、食べて寝て、それだけでいいというわけにはいかないのが人間ですよね。ないとさびしい、というものはいろいろあります。毎日を生き生きとしたものにするための、充実《じゅうじつ》させるための、いわばエネルギーのモトというか、栄養分のようなものが必要なのはたしかです。

その一つが、音楽だと思います。

この摩訶不思議《まかふしぎ》なものを探ってみませんか。いろいろな角度から、探ってみましょう。数学のように、ピタリとした答えは出てこないでしょうが、探っている間に、新しい発見に出あうかもしれない。

それを期待して、それでは出発しましょう！

第1章

聴くたのしみ

1 聴き方はそれぞれ？

――世界各地の駅や空港に、誰でも自由に弾けるピアノが置いてある「駅ピアノ」や「空港ピアノ」を最近テレビでよく見るんだけど、さまざまな境遇《きょうぐう》の人が好きな曲を奏《かな》で、音楽への思いを語ってる。どんな人も、ピアノの前では一音楽人という感じ。先生も、駅や空港にピアノがあったら弾きますか？

うーん、ふつうなら自分からは弾かないと思います。でもずいぶん前、アテネのホテルのロビーが騒《さわ》がしいので見にいくと、スウェーデン人の旅行者の若者たちがピアノを弾いていて、あまりうまくない。たまらず、ぼくが代わって弾き始めると、その場が大いに盛り上がったことがあります。そういう即興《そっきょう》の遊びは、大好きなんです。

五月の初め、金沢での音楽祭（いしかわ・金沢 風と緑の楽都音楽祭）で恒例《こうれい》の「作曲家たちのひらめき大会」がありました。毎年テーマをもらって即興でピアノを弾く。今年（二〇一九年）は「北欧《ほくおう》」。それなのに、司会者が本番でいきなり「今日は特別に、お題は〝令和《れいわ》〟で」と言う。え？　そう来たか……と考えているうちに、「あ、思いついた！」。会場に向かって「皆さん、この曲知ってます？」と呼び掛けて、「ドはドーナツのドー、〝レーは〟！」と弾きました（笑）。じゃあ、これでいきましょう、と続けて「れーわ、タタタタ、れーわ、タタタタ」という即興。会場は大受けでした。

音楽のない人生は考えたことない

――楽しそう！　でも人は、別に音楽がなくても生きていけるよね？

音楽がない人生は考えたことないですね。たとえばこの部屋に一枚の絵が飾《かざ》ってあるとする。そんなものなくてもいいじゃないか、といえばそうです。でも絵があることによって、目がそこに行って何かを感じたり、安らいだりするでしょう。人間が、もし衣食住だけあればいいからと他のものが一切なければ、きっと欲求不満になります。

――音楽がいやになったり、聴けなくなったときなんて、ない？

ないですねえ、まったく。ドイツのオーケストラでヴァイオリンを弾いている知り合いの日本人が、家にオーディオ機器はないというんです。なぜかというと、毎日毎日音楽をやっていると、自分がオーケストラで弾いている以外はもう一切音楽を聴きたくないのだと。ぼくはそこがわからない。どんなに音楽漬《づ》けでも音楽は聴きたくなる……音楽が必要じゃないときはないですね。

——じゃあ音楽は、絵や文学などとはどう違うの？

一つは「再現芸術」であるということに関わってきます（演劇もそうですが）。たとえばベートーヴェンが書いた楽譜が音楽かといえば、「音楽じゃない」んです。演奏されて音が鳴ったときに初めて音楽になる。ではそのモトになる楽譜はどうか。ある意味では芸術ですが、音楽ではない。シェイクスピアが書いた戯曲《ぎきょく》は演劇か？　違います。そのままで読まれる文学という別の芸術であり、演じて再現したときに「演劇」となる。それが再現芸術です。

——一つとして同じものはなくて、その場で消えていく？

ベートーヴェンが書いた楽譜が音楽かといえば
「音楽じゃない」

そうですね。それも含めて音楽の魅力について、まずはいちばん身近な「聴く」ことからお話ししていきましょう。

●ナマと録音

――音楽はあらゆる聴き方がされているけれど、コンサートに足を運んだりしてナマで聴く人は増えているの？

いや、減っていると思います。営業的に危機と捉《とら》えている人はたくさんいるでしょうが、時代的なもので、どこかでまた回帰するでしょう、ホールで音楽を聴く楽しみが戻ってくるんじゃないかという気が、ぼくはしています。クラシックのオーケストラなどは客数が減少していますが、一方で若いピアニストやヴァイオリニストに人気が集まったりもしている。そういう人のコンサートはすぐにチケットが売り切れますから、コンサートホールで音楽を聴くことから一〇〇パーセント離れているわけではない。

――ライヴで聴くと、興奮や感動が段違い。

そういう人たちがいるわけです。お客さんはスターを見に行くというより、やはり聴きに行っている、音楽の聴き方としてナマのかたちを楽しんでいるのだと思います。

――その場でその人の演奏を体験する喜び？

そう、リアルタイムのスリリングな味わい方、音が生まれ出る瞬間にその場にいる、一生に一度しかない喜びですね。歌舞伎や芝居など舞台でもそうでしょう、今、役者が声を発した瞬間に同じ場所に自分がいる貴重な体験。これはなくならないと思います。だって、どんなに再生技術が進歩しても、それは今初めてそこで鳴った音ではないですから。

――ナマで聴く音と、オーディオなど録音で聴く音の違いはどこにあるの？

今やこれだけ技術が発達すると、あまり差はないかもしれない。でもオーケストラを会場でナマで聴くのと、どんなにすぐれた機器であってもそれを通して聴くのとでは、やはり違う。広がりというか、音がもつ空間の力みたいなものが最終的には違うでしょうね。

どんなに再生技術が進歩しても、
それは今初めてそこで鳴った音ではない

――最近は YouTube をスマホで聴いたり、iPod が広まったり、一人で聴く音楽が多くなったよね。

これはもうまったく違うと思います。インディヴィジュアルというか個人的に（ヘッドホンやイヤホンで）聴くのと、広い空間で空気中を流れてくる音を聴くのとでは、耳への入り方がまったく異なります。空気中を伝播《でんぱ》してきて耳に入る音と違って、イヤホンならある信号として伝わってきて耳に入ったときに初めて音になる。外に出るまでは単なる電気信号で、初めて音となった瞬間を自分が聴いているわけです。コンサートホールで聴く音は、はじめから音として空気中を伝わってくるから、電気信号であるプロセスはありません。

――どちらかがいい悪いということではなく？

どっちもあっていいけれど、どちらかだけだと思ってしまうのは危険です。音楽は電気信号が耳のなかで音に転換《てんかん》したもの、そういうものであると思ってしまうとよくない。電気信号のほうは、映画をＤＶＤで見たり、絵画を画集で見たりするのと同じ、いわば「方《ほう》便《べん》」だと思いますね。その奥に本物があることを承知の上で聴くべきでしょう。

――逆に、イヤホンなどで聴くのに向いている音楽もある？

あると思います。たとえば電子音楽とかテープ音楽などはそうでしょうね。最終的に人間の耳に入ったときに音楽となる、耳に入る直前までは信号であってかまわない、そういう類《たぐい》の音楽がポップスにもクラシックにもあって、だから価値が下がるということはない。じつは「自分を変えた音楽」（後出）の一つはテープ音楽、それこそ電気的音楽です。

●聴く力はどこにある？

先月、辻井《つじい》伸行《のぶゆき》君（一九八八―）のモーツァルト《ピアノ協奏曲第二十七番》を聴いて感動しました。彼の演奏は何度も聴いていますが、ますます素晴らしくなりました。

――目が不自由なんでしょう、楽譜が読めないのにすごい。

ぼくは、盲目の人はよりよく音楽を聴くと考えています。

武久源造君《たけひさげんぞう》（一九五七—）というオルガニストがいて、チェンバロも弾くプロの音楽家です。彼は盲目なのですが、弦楽器や他楽器とバッハの曲などのアンサンブルもする。他の演奏者の息を感じることで、ぴったり合わせられるんです。松山市の出身で、「いつか番組にできるかもしれない」と地元の民間放送局が彼の活動を子どものころから撮《と》り溜《だ》めしていました。東京藝術《げいじゅつ》大学に入って東京で下宿をするようになったころ、ようやく番組がつくられ、そのドキュメンタリーの音楽をぼくが担当することになりました（一九八一年）。番組では、まだ中学生ぐらいの源造君が、やはり盲目の声楽家のお父さんと、縁《えん》側《がわ》に座って将棋《しょうぎ》を指しているシーンが出てきます。二人は頭のなかで対局していて、将棋盤《ばん》も駒《こま》もないところで「三四歩《ふ》」「七六角《かく》」……「あ、その手はちょっと待ってくれ！」と非常にスリリングなんです。

——そんなことが可能なんだ。

源造君が東京の下宿に戻るシーンでは、夜に部屋に帰り着くと、ふつうなら電気をつけますが、彼は真っ暗な中で食事を作って食べる。灯《あか》りは必要ないわけです。さらに感動したのは、彼がやはり目の見えない友だちと喫茶店で話しているシーンです。友だちが「目が見える人は、手の届かないところにあるコップに水がどれくらい入っているかわかるんだよな」と言うと、源造君が「ほんとだな、変だよなあ」と答えて、二人しておかしそうに笑う。彼らにすれば、触ってもいないのに水の量がわかるのは逆に変なんです。つまり何も不便していないどころか、見えることのほうが「おかしい」。

そのとき、大きな教訓を得ました。われわれは自分たちのことを健常者《けんじょうしゃ》といい、目が見えなかったり、どこか不自由な人のことを「マイナス」と考えますが、それは違うんじゃないか、ということ。もしかしたら、ぼくらにもたくさんの足りない部分があって、それが何かわからないだけなのかもしれない。宇宙人から見ると、地球人には「あの感覚もない」「あの能力もない」といったことがたくさんあるのかも……。とすれば、定まっていない数をnと表現しますが、われわれは「マイナスn」であり、目が見えない人は「マイナス（n＋1）」、つまりわれわれより一つ足りないだけじゃないか。以後、目の見えない、耳の聞こえない人たちへの接し方が変わりました。

今の世の中は、五体満足を常識としてあらゆるものがこしらえられていますから、彼らに不便なことはあると思いますが、われわれもパーフェクトではなく、すでに「マイナス

n」だという意識をもつようになりました。その後、武久君は藝大を卒業してプロの演奏家として活躍しています。

そんなふうに考えれば、辻井君もわれわれに想像もつかない、別の鋭い感覚の耳をもっているんじゃないか、耳だけじゃないかもしれない。その三日前にもサントリーホールで別の協奏曲を弾いていて（ショスタコーヴィチ《ピアノ協奏曲第一番》）、記憶力も半端《はんぱ》じゃない。あれだけ弾けるということは、おそらくオーケストラでどのパートでどの楽器が何をやっているかも頭に入っていると思います。

——もし、（辻井さんが弾くのを）誰の演奏か知らずに聴いたとしたら……。

きっと、わかると思います。ものすごく細やかな音のタッチで、音の粒《つぶ》がきれいですから。

——左手のピアニストのコンクールをテレビで見たけど、片手であれだけ弾けるなんて驚異《きょうい》的。ということは、何かが欠けているということが、何かを研《と》ぎ澄《す》ますということ？

そうだと思います。人間の感覚というのは、あることが塞《ふさ》がれる状態におかれると、他の神経が研ぎ澄まされることはあるのだろうと思う。

こういう話があります。照明を真っ暗にしたレストランで何人かが集まって食事をしたところ、料理が見えないのにおいしく、会話がはずんだというのです。ゲーテの詩に「私はあなたの声を聞くとき目が見えなくてもいい。あなたの顔を見るとき耳が聞こえなくてもいい」という一節があります。聞くときは見たくない、見るときは聞きたくない——これは何かに集中するということでしょう。

●瞬時の出会い

——今の世の中、音楽はどこにでもあるような気がするけれど、そもそも音楽っていったい何なんだろう？

音が鳴り、空気を震《ふる》わせ、伝播《でんぱ》し、人の耳に入る——このとき「音楽が存在しうる」のだと思います。ぼくは自然も音楽と考えていますが、これもまた「自分を変えた音楽」の一つです。

人間の感覚は、あることが塞がれる状態におかれると他の神経が研ぎ澄まされることがある

——だったら宇宙にも音楽はあるの？

空気がないと音楽は鳴りません。空気中を伝播しないと聴こえてこない、だから宇宙はきっと無音でしょう。

——宇宙に音楽はない、そして人間もいない。ということは、人間がいるところには音楽がある！

そうですね。そして人間が滅《ほろ》びない限り、音楽も滅びない。

——先生が音楽と出会ったのは？

母親がピアノを弾いていて、音楽ははじめからぼくの周辺にあったという気がします。戦後、疎開《そかい》先の母親の実家に、焼け残ったアップライトの古いピアノがあったんです。ぼくは外で遊べないほど体が弱くて、小学校に入るのが一年遅れました。家のなかにいなきゃならない、となるとピアノがある、デタラメを弾いて遊ぶ——それが音楽との最初の出会いです。

母がよく弾いていたのはショパンの《幻想《げんそう》即興曲》や、グリーグの《春に寄す》。グリーグは、楚々《そそ》とした繊細《せんさい》なメロディが小川のせせらぎのような伴奏にのって流れてくる……聴くと母を思い出します。父も音楽が好きだったみたいで、SPレコードが家にそろっていました。

小学校三年のころ、こんなことがありました。近所の友だちの家で鬼ごっこか、かくれんぼをして走り回っていたんです。その家のおじさんが音楽好きで、SPレコードの音が聴こえてきました。すごくいい曲で、ぼくは遊んでいるのを忘れて立ち止まってしまい、おじさんの部屋に駆け込んで、「これ、何ていう曲?」と訊《たず》ねた。ドヴォルザークの《チェロ協奏曲》でした。よほどショックだったんですね。チェロの音に魅せられたというよりは、たぶんメロディの美しさだと思います。

——遊びもそっちのけになるほどの衝撃だったんだ。でも最初から楽譜は読めないよね。音楽を習いに行った?

丈夫になってから習いに行きましたが、楽譜はいつの間にか読めるようになっていました。それまでは置いてある母の楽譜を取り出したり、自由に勝手に弾いたり。デタラメに弾いたメロディを、家によく遊びに来ていた音楽好きの大学生が、「君が弾いた曲はこれだよ」と楽譜にして見せてくれた。そのとき初めて、自分が弾いている曲を楽譜にもできると知ったんです。それからは、自分で定規《じょうぎ》で五線を引いて音符を書くようになりました。今も一冊だけノートが残っています。

自分が弾いている曲を楽譜にもできると知った

●「漠然と」聴く

――いつも、なんとなく漠然《ばくぜん》と音楽を聴いているのだけど、聴き方のコツや秘訣《ひけつ》ってあるの？

漠然と聴いていいのだと思います。余計な食いつき方やアプローチをしたり、余分な知識をくっつける必要はない。そういうことを考えると敷居《しきい》がでこぼこになってきます。まずは漠然と聴いて、好きだとか嫌いだとか感じればいい。

――理屈ぬきで。

ただ、人間はそこに何かをくっつけたくなるものです。もっと入りたければ、いろいろな方法がある。歌が聴こえてくれば、女の人か男の人かがわかるでしょう。それと同じで、「何の楽器で演奏しているのだろう」「何拍子かな」と考えてみる。「楽器が何か？」は、漠然と聴く、の次ぐらいですよ。「あ、ヴァイオリンだな」「これはオーボエだな」「トランペットかも」というのは、理屈っぽいことでも難しいことでもない。漠然の延長線としてやってみるとどうでしょう。

――自分がオーボエの音が好きだとか、わかればもっと聴きたくなるね。なんとなくワルツが好きだとか。

それならワルツをどんどん聴くといい。ワルツは三拍子だと皆が思っているでしょう、でもロシアには五拍子のワルツがあります。チャイコフスキーもそれで作曲しています（交響曲第六番《悲愴《ひそう》》第二楽章）。一方で、五拍子はジャズにもあって、ロシアの五拍子とまったく違う。ロシアの五拍子が「一二、一二三」だとすれば、ジャズの五拍子は「一二

三、一二」なんです。《テイク・ファイブ》という曲が、そう。つまり五拍子はそう変わったものではなくて、ふつうにあるものだということです。ワルツを聴くようになってそういうことを知れば、もっと聴いてみたくなるでしょう。

――自分はロシア音楽が好きかも、いや、じつはジャズが好きなんだ、と発見したりして。

そういうことです。そうするうちに、たとえば《椿姫《つばきひめ》》などヴェルディのオペラはアリアが来る前に二小節ぐらい、決まったリズムが聴こえてくる、なんていう「発見」をするかもしれません。「ヴァース」（主題に至るまでの前振り）といいますが、それに乗ってアリアに入るのはヴェルディの特徴で、そこまで意識して聴くと楽しさはもっと増すとかね。でもそんな知識ももたない最初は、漠然と聴いて自分の好みを感じ取って広げたり深めたりしていけばいい。クラシック音楽よりジャズが好きと気づけば、ジャズをどんどん聴けばいいんです。

漠然と聴いて自分の好みを感じ取って広げたり深めたりしていけばいい

――漠然と聴いていいというのはホッとしたけど、それで曲が表現していること、込《こ》め

られた思い、なんて感じられる?

たとえばショパンの《英雄ポロネーズ》には彼の祖国への思いが込められている、と一般にいわれますが、ショパンは自作の曲に題名をつけていません。そういったものを「絶対音楽」といい、何かしらタイトルがつけば「標題音楽《ひょうだいおんがく》」という。チャイコフスキーの交響曲第六番《悲愴》や、メンデルスゾーン作曲の序曲《フィンガルの洞窟《どうくつ》》は作曲家自身がつけたタイトルですが、ショパンの《英雄ポロネーズ》も《別れの曲》も、あとから聴いた人が名づけたんです。

——じゃあ、タイトルになったような思いが込められたとは限らない?

「ポロネーズ」というのは「マズルカ」と同じ、ポーランドの民族舞曲《ぶきょく》です。ショパンはそこまでは名づけたとしても、聴いた人が「英雄のようだ」「軍隊的だ」「幻想的だ」と通称に選んだわけで、もし曲に「故郷への思いが感じられる」とすれば、ショパンの個人史が関わってくるでしょう。ポーランドが抑圧されていた時期にやむなくパリに逃げ、つねに望郷《ぼうきょう》の念にかられていたであろうとか、ジョルジュ・サンドと知り合って一層遠くに赴《おもむ》いたため、故郷からさらに離れて望郷の念も高まったであろう、そういう時期にポーランドの舞曲を書いたのだから「祖国に対する思いが強いであろう」と想像される。ならば、曲にもその思いが込められているはずだ、とタイトルにつけられたわけです。

――すると、本人の思いは、謎《なぞ》？

研究者がショパンの作曲意図を書いた手紙を見つけるとか、確証があれば別ですけどね。そういう予備知識は音楽が面白くなるきっかけの一つになるかもしれませんが、なにも《英雄ポロネーズ》を聴いて英雄を感じなくてもいいわけです。モーツァルトの交響曲第四十一番は《ジュピター》と呼ばれますが、ローマ神話の天空神とは何の関係もありません。

美術でも、モンドリアンみたいな抽象《ちゅうしょう》美術は色の組み合わせや形が面白いのであって、タイトルもつけず《作品1》と呼んだりする。そしてわれわれはどんな見方をしてもいい。

――作者の意図がわからなくても、「何となくいいな」と思う絵がある。音楽もそれでいい？

なにも《英雄ポロネーズ》を聴いて英雄を感じなくてもいい

そのとおりです。脈絡《みゃくらく》があってもいいし、なくてもいいんです。

●人間の耳が変わった⁉

――それにしてもバッハやモーツァルトやベートーヴェンなど、有名なクラシック音楽を、たいていの人が「いいなあ」と思うのがとても不思議なんだけど……。

それは十七世紀のデカルト（一五九六―一六五〇）以降、ヨーロッパから世界に広まった「合理主義」のせいだと思います。楽譜や楽器などすべてがシステマティックにできて、伝播しやすくなるとともに、世界じゅうの人がシステマティックな考え方に慣《な》れてきた。そうして多くの人が合理主義的に物事を考えることがいいことだ、という価値観をもつようになると、そういうもののほうが「いい」と思えるようになってくるんです。

――えっ、心に感動さえもたらすほどに？

そうですね。合理主義的なものをいいものだと識別する、その反面、システムに合わないものは識別しづらい。この何百年、親から子へ、その子どもへ……と継承《けいしょう》されてくるうちに、われわれはそう感じる耳になってしまったんでしょうね。

人間――植物も含めて生物というものは、必要に応じて変わっていくものです。海の底にいるチョウチンアンコウは、なぜ、どのようにしてチョウチン（突起物から発光液を出して獲物を捕獲する）があれば餌《えさ》が捕れることを思いついたのか。あのチョウチンをつけるために何万年かかったか。「つけるといい」とあるときに気がついたわけでしょ？

――昔は敵対していた人間と犬が、だんだん親しくなってきたような感じ？

それも何万年もかかっているのでしょう。鍾乳洞《しょうにゅうどう》の水たまりにいる魚は、目がなかったり見えなかったりするそうですよ。沖縄の玉泉洞《ぎょくせんどう》にいる魚は白い目があるだけで実質は見えないらしい、洞窟《どうくつ》は真っ暗なので要《い》りませんから。その魚が生まれたときに、目がなくてびっくりしたわけじゃない（笑）。長い年月かかって要らないからなくなった。「要らない」と思いついたのがどの一尾だったかはわかりません。チョウチンアンコウも「チョウチンがあると便利だな」と、どの一尾が考えついたのかはわかりません。キリンはどうしてあんなに首が長いのか、ゾウはなぜあんなに鼻が長いのか、と不思議がっているようなものです。自分だけの感覚で考えていては、答えは見つかりません。われわれがベートーヴェンやモーツァルトに感動するのに、なぜ雅楽《ががく》は識別しにくいのか、それは何百年かかかってそういう耳になってきたから、としかぼくには思えないですね。

――それにしては、何百年というのは短くない？

それは人間の叡智《えいち》のおかげです。短い期間で対応できる能力を人間は身につけていたからです。ものすごい天才的なチョウチンアンコウが現れて、発光をＬＥＤにしようと思いついて実践するかもしれない（笑）。

――蛍《ほたる》もＬＥＤになったりして。

たとえば国歌は世界じゅうにあります。日本にも是非《ぜひ》論はあるにしろ、国際行事で国歌がないと困ります。「我が国にはありません」とはいえない。国歌は、世界のどこに行っても共通の楽器で演奏できるようになっていますよ。オリンピックでも、国歌がその国に

国歌は、世界のどこに行っても
共通の楽器で演奏できるようになっている

しかない楽器でしか演奏できないんじゃ困ります。楽譜には書けません、という国歌もない。楽譜に書くのはヨーロッパ的な方法だからといって、非ヨーロッパの国歌は楽譜には書けない、ということはなく、すべての国歌は楽譜に書ける。経済価値でも同じです。ヨーロッパ的合理主義の、あるいは経済論的な基準が世界じゅうに蔓延《まんえん》してしまったということです。世界がシステムを要求するようになっているんです。

——芸術に関しても、合理主義はいいことだった？

まあ便利なことではあったでしょうね。合理的ということは、そこの生活や風習や気候に馴染《なじ》んでいない人にも理解できるグローバルなノウハウをもっているということですから。

——そうやってクラシック音楽の名曲は広まり、伝えられ、残ってきた……ところで「名曲」ってなんだろう？

メッセージがはっきりしているかどうか、だと思います。メッセージといってもいろいろだけれど、一つの曲に、言葉に置き換えられない茫漠《ぼうばく》とした色彩が感じられるとか、広い空が見えてくるとか……そうした何かを示唆《しさ》してくれるものが名曲といえるんじゃないか。何の知識がなくても聴けばそれが感じられ、何かがある、と思える。逆に、まったく何のイメージもわかない、何も受け取れないものは名曲とはいえないし、価値がないかもしれません。

●音の良し悪しと感動の関係

——音楽は当然、いい音で聴くのが望ましいと思うけれど、音の悪い、古い録音や演奏でも感動することってあるでしょ、なぜなんだろ？

それが演奏、ということなんです。その曲をどういうテンポで、どういう揺《ゆ》らし方でやるか、どういうふうに高まっていき、どういうふうに弱めていくか、それは一人ひとり違うわけです。そういうことは、音が悪くても感じられます。演奏そのものに感動することは、音の良し悪しとは別にある、だから古い録音でも感動することはある。

たとえば、昔のイタリアの指揮者ですが、トスカニーニ（一八六七—一九五七）の演奏は

何の知識がなくてもメッセージやイメージが感じられ、「何かがある」と思えるのが名曲

すごくいいテンポ感なんです。ブラームスの《交響曲第二番》の第三楽章で、テンポが変わる部分があって、他の人が指揮をすれば必ず「テンポが変わるぞ」と予告しながら変わる感じなのですが、トスカニーニの場合はまったく何でもないように、突然パッと、掌《てのひら》をひっくり返したように変わる。このような切れ味のいい演奏はほかに聴いたことがありません。音がいいか悪いかとはまったく関係ない。トスカニーニがそうやった、という演奏です。昔の名歌手の録音などにも同じことが言えます。音がよければもちろんもっといいでしょうが、叶《かな》わぬ望みですから。

――すごく納得。音がよくても感動しないこともいっぱいあるもんね。それにしても人は音楽の何にいちばん感動するんだろう？

うーん、何だろう。音楽を聴くことによって何かが喚起《かんき》されて、別のものを想像する。小さいとき母親に連れられて行った公園のベンチを思い出して感動しても、まったく邪道《じゃどう》ではないでしょう。絵でも、描かれたものに感動することもあれば、見ることによって引き出された過去のできごとや、幼いころの一瞬《いっしゅん》を思い出して感動することもあります。だからといって、それが絵に対する感動ではない、と怒る人はいません。音楽の感動もこうじゃなきゃいけない、ということはないと思います。もちろん「音の組み合わせに感動した」という人がいても「嘘つけ」なんて言わなくていい（笑）。

――なんでもいいんだ。

そう。あらゆる芸術というのはそうやって、何かを喚起する役割と機能をもっていると思います。文学も演劇もそうでしょう。今この瞬間を生きている人間の五体の感覚をぐゎっと広げて、その人の個人史、未来、周囲など、その人がもっている領域すべてに関わらせてくれるのが芸術です。何でもなければ、今このときに机の前でしゃべっているぼく、でしかない。それが、音楽が聴こえたり、絵を見たり、本を読んだりすることによって、自分のなかのあらゆる断面が過去にさかのぼり、あるいははるか遠くへ行き、水平軸でも垂直軸でも一瞬にして無限に広がる、それを形成してくれるのが芸術だと思います。

――自分から何かが引き出されて、無限大に連れていかれる感じだね、賛成！

あらゆる芸術は
何かを喚起する役割と機能をもっている

2 ジャンルはどんなものがある？

●節目、節目のシューベルト
――音楽といっても、もちろん西洋のクラシック音楽だけじゃないよね？

ぼくはなんでも聴いていました。中学時代はポール・アンカ、ニール・セダカ、キングストン・トリオなど六〇年代アメリカン・ポップスや、ジャズ、クラシック……今でも同一平面上にあるというか、ジャンルの境目《さかいめ》を感じていません。クラシックではシューベルトがすごく好きでした。ぼくは節目《ふしめ》、節目にシューベルトなんです。小学校に入ってやっとピアノを習い始めたころ、一応すでに弾けるので、先生に「この指でこの音を弾いて、ペダルはどこで踏んで」と言われるといやになっちゃう（笑）。だから練習をしないし、教えた指使いとまったく違う弾き方をするから先生は怒る。とうとう「好きな曲を練習し

理由はわからないまま シューベルトが好きだった

シューベルト（オーストリアの作曲家1797-1828）は池辺さんの運命の相手!?

てこい」と言われて、シューベルトの《軍隊行進曲》を選んだのを覚えています。その次もシューベルトの《楽興《がっきょう》の時》の一曲でした。

中学一年生のときは、学校に講堂ができて新しいピアノが入り、有名なピアニストが演奏しに来てくれるというので、前座《ぜんざ》で弾くことになりました。そのときに選んだのもシューベルトの《アムプロムプチュ》（即興曲）のうちの一曲でした。

同じころ、初めて自分の小遣《こづか》いで買ったLPレコードもシューベルトの歌曲集《冬の旅》。ゲルハルト・ヒュッシュのバリトンでした。何かのたびにシューベルトが登場するので、ぼくはきっとシューベルトが好きだったんだな、と思い返して気がつくだけで、理由はわかりません。都立高校に進むと、生意気にも《冬の旅》全曲をドイツ語で歌える同級生がいて、そいつがぼくを放課後に残して伴奏をさせる。カンツォーネが好きな男もいて、そいつもぼくを残らせて伴奏をさせる。シャンソンを歌うやつはいませんでしたが、ぼく自身が好きでよく弾きながら歌っていました。

――で、音楽の道に進むきっかけは……。

高校一年から二年になる春休み、ぼくが膨大《ぼうだい》に書き溜《た》めた楽譜を、祖父だったか、孫《まご》が変なことをやっているからと、ぼくがいないあいだに専門家のところへ持っていったんです。そうしたら呼び出されて、こんなデタラメを書いていないでちゃんと勉強をしなさいと、その場でさらに偉い東京藝大の先生に電話をして、その日からその教授につくことになりました。それで藝大を受けることになっちゃった。

藝大の入試には、聴いた音を楽譜に書き取る「聴音《ちょうおん》」があります。そのレッスンに行くようになると、周りの人に比べてすぐできてしまう。そこで初めて自分に絶対音感がある、つまり聴いた音がすべてわかることに気がつきました。まるで自覚はありませんでしたが。

――絶対音感がある人とそうでない人では、音楽の聴き方、聴こえ方が違う？

どうでしょうねえ。一般にキーといいますが、何調かで、特徴がすぐわかるというのはあります。ベートーヴェンでもモーツァルトでもメンデルスゾーンでも、ニ長調の曲のもつ共通点がある。変ホ長調の共通点がある。絶対音感があれば、そういうことがわかるという楽しみはあります。でもそういうことがわからなくても楽しみ方はいろいろあります。

●ビートルズの古典性

――同一平面上というと、ジャンルの定義もこだわらない？

すぐれたポップスはクラシックに近いと思います。ビートルズはもっとも古典的です。シェイクスピアの戯曲はどうにでも変化できるでしょ。『ロミオとジュリエット』は『ウエスト・サイド・ストーリー』になり、『リア王』は黒澤明《くろさわあきら》の『乱』になる。同じようにビートルズ音楽はどういうふうにもなりますね。それが「古典」です。

一九七八年にぼくはビートルズの曲をバロック音楽に編曲して『ザ・ビートルズ・オン・バロック』

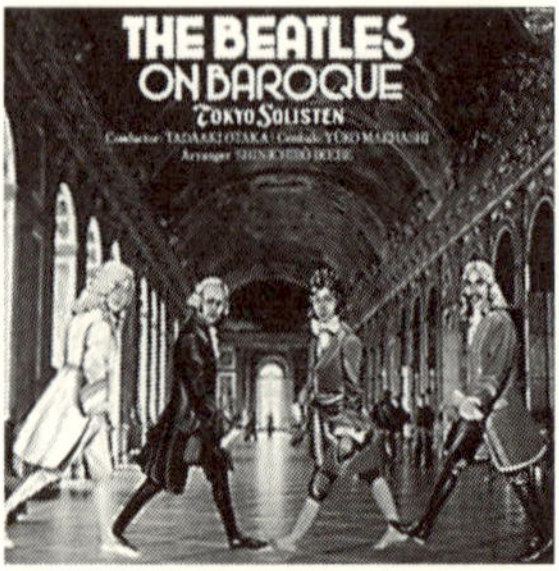

『ザ・ビートルズ・オン・バロック』（写真は2001年キングレコード発売の決定版CD）はビートルズの古典性をものがたる。

というLPを二枚出しました。《イエスタデイ》はまるっきりバッハの《G線上のアリア》そっくり。《G線上のアリア》と思って聴いていると《イエスタデイ》なんです。《パッヘルベルのカノン》と思って聴いていると、《レット・イット・ビー》(笑)。そういうアレンジで、やっていて面白かったですねえ。それがLP二枚分にもなってしまった。編曲があまりにうまくいくので、ビートルズが《レット・イット・ビー》をつくるときに《パッヘルベルのカノン》を意識していたんじゃないかなあと思ったぐらいです。

――ビートルズの古典性は、具体的にどこにあるの?

和音《わおん》ですね。和音が非常に古典的です。ジャズやロックには和音のつながり(コード・プログレッション)のやり方が決まっているジャンルがある。たとえばブルースはどういうふうにコードをつなげていくか決まっていて、それ以外はない。クラシックのフーガなど昔のジャンルのように、ジャズやポップスでも縛《しば》りが非常に多い。しかしビートルズの曲はそういうところから放たれて、ロマン派の音楽のように、和音をとても自由に選んでつくっていますし、発想もじつに自由です。これには大変な刺激を受けました。

――「自分を変えた音楽ベスト３」を挙げるとしたら、ビートルズも入る？

はい。ビートルズの初期のＬＰに《ミート・ザ・ビートルズ》（一九六四年）があります。大学一年か二年の大学祭で、美術学部の学生がギニョル（操《あやつ》り指人形劇）をやっていたんです。ビートルズの《アイ・ウォント・トゥ・ホールド・ユア・ハンド》（抱きしめたい）が流れたとき、その最後のところ、「ハァーーーンド」と叫びながら人形の口が思いっきり開いて、つまり口がＯの字になって、わなわなぎゃーっと人形が揺さぶられたんです。見ていたぼくはびっくりして、この音楽は何かなと思った。

――まだビートルズが知られていなかったころだ。

すぐに楽屋裏に行って友だちに聞くと、ビートルズだというので、帰りにレコード屋に寄って買ったのが《ミート・ザ・ビートルズ》でした。そこに《ラヴ・ミー・ドゥ》が入っていて、これまたショック。ハーモニカと、テープの逆回しみたいな音が途中に入る、この自由さには仰天しました。おそらく一番影響を受けたのは、**《ラヴ・ミー・ドゥ》**でしょう。

電気的音楽はほんとうに詩的だった

同じころ、電気的音楽にも影響を受けました。前衛《ぜんえい》的な音楽のレコードを買ってきたなかの一枚に、エドガー・ヴァレーズの電子音楽――というより正しくはミュージック・コンクレートといって、現実の音をいろいろテープに録音して組み合わせてつくった音楽――がありました。《**ポエム・エレクトロニク**》（一九五七年）という作品です。これがもう、ほんとうに詩的で、途中でサイレンの音が入ったり、黒人が霊歌《れいか》の断片を低く歌っているような、くすんでくぐもった声が入ったり、風の音など自然音もあって、いろんな音が組み合わさっている。全体がものすごくポエティックで素敵なんです。こういう音楽があるのだと驚《おどろ》きました。

もう一つは、例の初めて買ったLP、シューベルト《**冬の旅**》。この三つですね。

●共通感覚とアンチテーゼ

――ビートルズとの出会いとなった《抱きしめたい》は、音だけじゃなくて、視覚の衝撃が伴《ともな》っていたんだね。

そう、音楽のヴィジュアル性というか。演奏行為には、ピアノを大仰《おおぎょう》な身振りで弾いたり、フォルティシモ的な顔というか、アクションが伴いますね。音には高さと長さと強さの三要素のほかに、重さ、甘さ、太さ、暖かさといった要素があるけれど、それらを表すディグリー（段階）はないわけです。ベートーヴェンのピアノ・ソナタ《悲愴》の冒頭は、ピアニストがすごく重そうな身振りで弾く。すると聴いている人も「重いなあ」と感じてしまうのですが、どこにも「何キログラムで弾け」なんていう指示はありません（笑）。でもピアニストが重そうに弾けば、聴く人も重いと感じながら聴く、それが音楽の面白いところなんです。合唱の指導者がソプラノの人に「もうちょっとそこ、明るく歌ってよ。暗いよ」と言ったりする。じゃあ何ルクス、何ワットって書いてあるのか、どれくらい明るくすればいいのか。ショパンの《ノクターン》は甘い、じゃあどれくらい？「そうだなあ、和三盆《わさんぼん》ぐらい」（笑）。何のことかわからない、でもそういう要素が音楽にはある、だから面白い。

——数字で表せない共感みたいなもの？

たとえばきょうここに着いたとき、「暑いですね」と言われて、ぼくが「そうですね」と答えた。それと音楽の楽しみは同じだと思うんです。仮にぼくが夕べまで赤道直下にいたとして、きょう日本に来たので「涼しくてしょうがない」と言うか。やっぱり「暑い」と言うんでしょうね。真冬の寒いときに「寒いですね」とぼくが言うと、周囲も「寒いですね」と答えるでしょう。夕べまでアラスカにいたので「暑くてしょうがない」、とはきっと言わない。それは、重い感じで演奏すれば「重いですね」と感じるのと同じで、共通感覚が伝わる。音が「ド」から「ソ」に移れば、誰でも高くなったと感じます。これを低くなったと感じる民族がいたら、音楽は成立しません。

――音楽が「世界言語」といわれるゆえん？

そういうことです。音楽に限らず、真っ赤な色をある民族が緑だと言えば、美術は成立しなくなる。展覧会場でゴッホの《ひまわり》を見ていて、隣《となり》にいる人も自分と同じ色を見ていると思うから美術は成立するのであって、隣の人が全然違う色を感じているかもしれないと思えばそうはいかない。悲しい文学はどんな言語に翻訳《ほんやく》されたとしても悲しいわけで、ユゴーの『レ・ミゼラブル』をとてもコミカルだと言う人はいない。『ロミオとジュリエット』の最後で、ジュリエットがロミオの上に覆《おお》いかぶさって毒を飲んで死んでしまうとき、「うわっ、愉快《ゆかい》！」と喜ぶ人はいません。「暑いですね」「そうですね」、「寒いですね」「そうですね」と同じように、芸術の面白さというのは人類の共通感覚を「共通だ」と認識できる瞬間なんですね。

――そういわれれば。

ところで、あるときツトム・ヤマシタという有名な打楽器奏者が、マルチ・パーカッションといって、いろんな打楽器を配した舞台のいちばん遠くに大きなドラを置いた。叩《たた》けばグワーン！　とすごく大きな音がします。それを、端《はし》からだーっと腕を伸ばして、大仰な身振りをしたと思ったら、小さくポーンと音を出したんです。客席にいたぼくは非常にショックを受けた。アクションと出てくる音がまったく違う。それをやろうと考えて、マリンバの曲をつくりました。特注の真綿《まわた》のマレット（枹《ばち》）は、どんなに叩いてもペタペタと小さくしか鳴らない。楽譜にはフォルティシモと書いてあるから、奏者は懸命に叩くんだけど、ペタペタペタペタとしか聴こえてこない、そういう曲をつくったんです、アハハハハ。

――ギャップの面白さ？

音楽にはヴィジュアルな要素も必ずある

ヴィジュアルと出てくる音との間に齟齬《そご》がある、というのは聴いている体験としてスリリングだし面白いでしょ。今まで体験したことのないようなことを味わってほしかったんです。音楽にはそういうヴィジュアルな要素も必ずある。

——すると、さっきの共通感覚というのは……。

だから、それに対するアンチテーゼですよ。あまりにも世の中が予定調和的になってくると、アンチテーゼもつくりたくなってくるという一つの現象です。ジョン・ケージの《4分33秒》(一九五二年)があったでしょう。ピアノの前に四分三十三秒座ったまま、何もしない。あれはものすごく大事な「啓示《けいじ》」を提出したと思います。

——真面目な顔で言う……。

だって、音楽とはあらかじめ仕組まれた音楽的摂理《せつり》のなかで、決められたロジックに従って提出され、音の組み合わせを味わうことで成立している——ほんとうにそれだけなのか? たとえば川がさらさらさらさらと流れていて、夜風がふわっと吹いてくる、それは音楽じゃないのか、ケージが言っているのはそういうことです。それだって音楽じゃないか、この世の中にあるすべての音に耳を傾けてみようよ、という設問を世界じゅうに投げかけたのです。画期的《かっきてき》でした。もちろん今のような何もかもそろってしまった時代とは違って、それまでそういうものが皆無《かいむ》だったときに初めて提出されたものだったからショッキングだったのです。

同じことは美術でも起こり、サイクルが少し早くて、マルセル・デュシャンが《泉》(一九一七年)というタイトルで展示会場に便器を置きました。視覚と聴覚の違いですが、ある意味で同じような営為《えいい》で、既存の価値基準を変えた。文学ではアンドレ・ブルトンや、トリスタン・ツァラのダダイズムやシュールレアリスムです。

それはのちの芸術にもちろん影響を与えました。一人の男が蝶々《ちょうちょう》を一匹持ってステージに現れて、ポッと放す、それが会場から出ていくまでがその曲だ、とか……。このような直接の影響から何十年もたつと、ケージやデュシャンがやったこと、ブルトンやツァラが言ったことが、大きく捉えた全体のなかの「要素」として溶《と》け込んでくるようになるんです。今、ぼくを含めて世界じゅうの作曲家が書いている曲のなかには、ケージ的な要素がたくさんあります。途中で自然の音を取り入れたり、途中で予測しない空白が来て、その間に会場のざわめきが聞こえてくるとか。音の組み合わせの美学と同等のディグリーで、そういうものがごく自然に入り込んできています。

――ケージが登場してしまったのち、意識しなくても影響を受けていない人はいない？

そのとおり。《4分33秒》から半世紀以上経って、デュシャンの《泉》から百年経ち、その要素がすべての美学のなかに溶け込んでいった。それだけ時間はかかるのです。新しい価値観が旧来の価値観と同じディグリーになる、そこからが出発なんです。ぼくたちは新しい出発があってからの世代です。

●現代音楽は推理小説？

――一方で、「現代音楽」となると、どうしても苦手《にがて》意識や拒否《きょひ》感があるのだけど、どうしたら楽しめる？

推理小説は人気があるじゃないですか。ぼくも大好きで、頼《たの》まれてこれまでに十冊以上、文庫本の解説を書いてきました。でも、どの出版社からの依頼《いらい》でも必ず不文律があって、内容（筋）に触れてはいけないんです、解説から先に読む人もいますから。これで四百字で約十枚を書くのは至難《しなん》の業《わざ》で、作家のエピソードなどでお茶を濁《にご》したり（笑）。つまり推理小説は、筋書を知らないで楽しむ、この先どうなるかわからないことが楽しいんです。そこで言いたいのは、現代音楽も推理小説と同じ楽しみ方ができるということ。初めて触れるから面白いのであって、もちろんそこに、知っているモチーフや、お馴染《なじ》みの人物が出てくればちょっと安心してさらに楽しいかもしれないけれど、その人物が次にどうなるか、読むときに初めて知っていくのが推理小説。現代音楽もまったく同じなんです。次に何が起こるか、先がわからないから面白いんです。一瞬一瞬を楽しむつもりで聴いてみる。それが現代音楽の楽しみ方の一つだとぼくは思います。

現代音楽は
推理小説と同じ楽しみ方ができる

――食わず嫌いにならずに……。

そう。すぐれた文学作品は何度も読み返して楽しめるし、翻訳によって味わいが変わるものもあります。同じように音楽も何度も聴き、演奏による違いを楽しんだりする名曲もあります。モーツァルトを聴くときに、誰も「一瞬先はわからない」とは思いません。だいたい先を知っていたり、癖《くせ》まで把握《はあく》していれば「そろそろ終わりそうだな」ということもわかる。でも現代音楽で「そろそろ終わりそうだな」と予測できたらつまらないじゃないですか（笑）。

――早く終わらないかな、と思ったりして。

それはあるかもしれない（笑）。でも先がすべて読めてしまえばつまらない。だからモーツァルトやベートーヴェンとはまったく違った楽しみ方ができる、同じ音楽だけど別の入り口をもっている。結局、音楽の聴き方に絶対的にこれです、という決まりはなく、古典音楽と現代音楽は別の聴き方をすれば面白い、ということは言えるでしょう。もし現代音楽好きの人がモーツァルトを聴いて「この後どうなるかわかっちまうからつまんない」と言えば、つまらない聴き方をしているとしかいいようがない。古典は次にどうなるかわかるから楽しいんです。

――現代音楽もいずれ、「何度聴いてもいい」となり得る？

美術でも音楽でもどんな分野でも、「もはやあの作品は古典になった」と言います。現代音楽で二十世紀に書かれたものでも、あまりに世界じゅうで演奏され、聴かれているものは古典といったりします。一九一三年に発表されたストラヴィンスキー（一八八二―一九七一）の《春の祭典》は、まだ百数年しかたっていませんが、もはや古典と呼ばれる。ということは、この先がどうなるかわかられてしまう、ということです。

――《春の祭典》って……どこがどういいの？

バーバリズムだと思います。日本語でいえば「原始的な」となりますが、ジャ、ジャ、ジャと、「野卑《やひ》」な感じがする。聴いていて自分が野獣《やじゅう》になったような感じがするというか。人は誰でも乙女《おとめ》になりたいときがあるけれど、この曲は獣《けもの》になったつもりで聴くと面白いんじゃないでしょうか。

――ははー、もう一回聴いてみよう。

ただ現代音楽といっても、「新しければよい」というものではありません。作曲を専門としている学生に、「君だけのオリジナルなものを考えてこい」と言ったら、楽譜のト音記号と下にへ音記号があって、真ん中にドが大きく書いてあった。「これ何？」「ど真ん中のド、という曲です」（笑）。ド、と弾いてそれだけで終わり。それは新しいかもしれないけれど、音楽としてまったく意味がない。また、低いドと真ん中のドと高いド……全部で七つのドが書いてあって、「ドーナッツのド」という学生もいました。やはり音楽ですから、書き方が新しいとか、考え方が新しいとか、発想が新しいとか、いろいろな新しさがあるだろうけれど、出てきた音楽が新しくなければどうしようもありませんよ。

3 シーンのいろいろって？

●スタジオ仕事の裏側

――テレビでも喫茶店でも音楽は鳴っていて、ふだんは「音楽それだけ」というより、毎日そっちのほうとよく接しているよね。

コンサート用の音楽作品を「純音楽」といったりしますが、ぼくは使いません。なぜなら映画やテレビやラジオなど他の世界の音楽を「不純」といっているようなものだからです。演劇の伴奏を「劇伴《げきばん》」というのも嫌い。「付帯《ふたい》音楽」といいます。テレビにしろ、ラジオにしろ、あらゆる音楽に順位をつけたくないからです。

――ふーむ。テレビドラマの音楽って、どうやってできるの？

原則的にはドラマをあらかじめ見て曲をつけていきます。最近はさほどやりませんが、ぼくはこれまで一千本以上やったでしょう。大河ドラマだと、まず四十五分に編集したものを見ます。もちろん先に台本は読んでいる。それでどこに音楽を入れるか、ディレクターと打ち合わせて、決まったらそこだけもう一度見て、ストップウォッチで秒数を計ります。たとえばヒロインがぽろっと涙を流す、そのアップで涙が一滴出たときに音楽を入れようと決める。そのシーンの最後はカメラが引いてヒロインがいる広い部屋いっぱいが映って、次にシーンが変わる、そのズームバックいっぱいまで音楽を入れよう。すると二分十一秒だ、となるとピッタリ二分十一秒の音楽を書くんです。

――それをシーンごとに、毎回ですか……。

大河ドラマは五本やりましたが、毎回そうでした。毎週十五、六曲書く。打ち合わせしてから録音までは四、五日で、いつも二十回目ぐらいのときに「なんでこの仕事を引き受けちゃったかなあ」と嘆く（笑）。でも四十回目ぐらいになり、あと少しで終わるとなると、残念だなあ、もう終わっちゃうのかと……毎回そうでした。一年で六百五十曲くらい書きましたね。

でも今は、いろんな種類の音楽を作曲し、たくさん録音しておいて、そこから係が選んで使うシステムがほとんどです。「ためどり」といいますが。でも、どこに使うかわからないものをいっぺんに百曲ぐらい書くというのは大変なんですよ。それも「楽しい音楽」「悲しい音楽」「事件の起こったときの音楽」とか……。長さも自由。勝手に書いて、任せる。せっかく書いたのにまったく使われない曲もあったり……。

――音楽からドラマを見る楽しみを発見しました。ＮＨＫ朝の連続テレビ小説では、それが毎日だった？

あれは一週間、つまり六本分をまとめてやりました。ちゃんと見て、計って、書いていましたよ、毎週。

ラジオでは、NHKラジオの「日曜名作座」の音楽をずっと担当していました。ラジオの魅力は「見えない」というところですね。効果音などもすべて想像の世界ですから。もしかしたらテレビよりもっと豊かな世界かもしれないという気はします。

――音楽にはいろいろな楽しみ方が、まだまだありそう。

秋田県大曲《おおまがり》の花火競技大会の審査をしたこともあります。全国の花火業者のコンテストです。

――音楽面から花火の審査?

審査員は花火の専門家や国の役人以外に、作家、映画監督、舞踊家、そしてぼくでした。コンテスタント(応募者)は花火師など専門家よりも、芸術家の評価を知りたいと聞きました。

見た目に華やかな花火も音楽が彩れば新たな魅力が生まれる。

創造花火という部門は、タイトルとある種のストーリー性をもつ三分ほどの作品で、音楽もクラシックやポップスなどさまざま。三十近い応募があり、作品に音楽がどんなふうに調和しているか――ある年、ぼくがダントツの高得点をつけたものは、アーティスト審査員全員の一致した評価で一位になりました。長野県伊那《いな》の花火会社で、ちょろちょろちょろと水音で始まり、ピロピロと虫が鳴き出す。そこに蛍《ほたる》のような花火が上がる、それこそケージ的な自然音による構成で、素晴らしい作品でした。

●身体のなかで鳴る音楽――記憶と音楽

――「音楽療法《りょうほう》」という言葉を聞くけれど、音楽が病の治療に効果があるの？

この病に対してこの療法、という具体的な処方箋《しょほうせん》があるわけではないと思いますが、音楽が心を活性化させたり、癒《いや》すことはできると思います。停滞《ていたい》している脳を活性化させたり、沈んでいる気持ちを元気にしたり、こわばった心をやわらかくすることはできる。医学的にどうこうはわかりませんが、音楽にもともとそういう力があることは間違いない。芸術がもっている、それこそ伝達力というものが、何かそういう方向に、療法として役立つことはあり得るということですね。

――歳《とし》をとって耳が遠くなり、足腰も弱ってくると、音楽やコンサートにも消極的になりがちになってしまう人がいるけれど、お年寄りが音楽を楽しみ続ける方法やヒントって？

音楽は「時間芸術」であり「記憶の芸術」でもある

音楽は感じるものであると同時に、人間には記憶というものがあるわけだから、記憶と兼《か》ね合わせながら音楽を自分のなかで再現することはできるような気がするんだけど……。耳が遠くなって、小さな音がわからなくなっても、出だしを聞くと記憶のなかでその音楽が鳴り出すとか。

音楽は「時間芸術」ですが、ぼくは「記憶の芸術」でもあると思っています。

後でもお話ししますが、作曲するということは、自分のなかで鳴らすことなんです。今思いついて書くのではなくて、頭のなかにすでにある。それを目に見える具体的な音符というものに移し変えるだけ。つまり身体のなかで音が鳴る、身体のなかで音楽を覚えている、それが可能なわけだから、耳が聞こえなくても、親しんだ音が遠い向こうで微《かす》かに聞こえれば、記憶がよみがえり、聴いたときの音が身体のなかで響き出す、ということがあると思う。

——前向き!

音楽によって思い出されるものは多いですね。たぶん、オスカー・ワイルド(一八五四―一九〇〇、イギリスの唯美《ゆいび》主義作家)のいう「芸術の同心円《どうしんえん》」に関係するでしょう。真ん中にいくほど純度が高く、外側にいくほど不純になる。音楽はもっとも中心にあって、いちばん外側が文学。音楽は感覚と直接結びつく。感覚中枢《ちゅうすう》みたいなものと直結する。聴くことによって自分のなかで、いわば増幅されるんですよ。堀田善衞《よしえ》(一九一八―九八)の『インドで考えたこと』のなかに、もはや失った足先がかゆい、という男の話が出てきます。人間の身体というのは、耳が聞こえないからといって聴覚神経、聴覚がもっている内部にある感覚まで全部死んじゃうことはないと思う。記憶にきっかけを与えれば、聴覚がもっていたものがよみがえるかもしれない。何度も言うようですが、医学的根拠《こんきょ》はありませんよ（笑）。

次章では音楽の歩みや、場所によって音楽がどう違うのか、などについて考えてみましょう。

第2章

知るたのしみ

1 音楽の変遷《へんせん》をみてみよう

●音楽の始まり

――音楽っていったいいつからあるんだろう？

音が鳴れば、人間は興味をもったと思うんです。

――じゃあ原始時代にも音楽はあった？

音楽、というより音の遊びがあったでしょう。地面に二本の棒を立て、間に糸を張ってパチンとはじくと音が出る、というような。たくさんの弦を張ったツィターという楽器がありますね、あれのモトかもしれません。

集落の一人が皆の夕食のために獲物《えもの》を捕《と》ってきたとします。それを引っ張って帰ってくると、皆が集まってきて喜んで、足踏《あしぶ》みしながら踊り出したんじゃないでしょうか。そのとき黙っているわけはないから、「ワッホッホー」とか声を上げながら踊った、その雄叫《おたけ》びが歌の始まりかもしれない。

――「嬉しい!」、「ヤッター」とかが歌になっちゃうの、わかる気がする。

そう。そして、獲物をしとめた当人がおとなしくしているわけなくて、いちばん威張《いば》って中心でウォホホッホーとかやっている。彼の上げた一声を周囲が真似する、アッハッハーと言えば、皆もアッハッハーと続ける。

――ちょっとした合唱ですね。

そういう現象が当時からあっただろうと思われます。当然、手拍子《てびょうし》をしたり大地を踏み鳴らしたり、太鼓みたいなものを叩き、竹筒や木筒のようなものを吹いて音を出す者も出てくる。そんなふうに自然発生的に歌、踊り、さらに楽器も登場してきたんだと思います。

だから最初の楽器は大地ですね（笑）。

――音に合わせて体を動かしたくなるのもわかる！　でも、音は何かの合図にもなったのでは？

それはあったでしょうね。大西洋のカリブ海東部のトリニダード・トバゴにスティール・ドラム（スティール・パン）という楽器があって、ドラム缶の上三分の一ぐらいを切って蓋《ふた》のところをへこませて叩く。そのへこませ方の違いでポンパン、ポンパンとさまざまな音がします。かつてイギリスに統治されていたとき、原住民たちが遠くの部族同士で合図をするのに用いました。信号として使われたというのかな。

――人が音の便利さや面白さに気づいて、だんだん使ったり遊んだりするようになった？

そうだと思います。狼煙《のろし》のように、最初は何かを知らせる連絡道具、信号として音を使った。法螺貝《ほらがい》や太鼓がそうですね。それも全部同じ音ではなく、さまざまなメロディがついてきて、その違いによって合図の意味もそれぞれ異なったのでしょう。スティール・ドラムも、叩き方と音の高さによって意味の異なる暗号になったはずです。ホルンのカタツムリのように巻いた形は、ドイツなど外国では今でも郵便局のマークに使われています。配達員が小さなホルンを吹いて「郵便屋さんが来たよ」と知らせていたんでしょう。

――豆腐屋《とうふや》さんのラッパと同じだ。その音の組み合わせの面白さが、少しずつまとまった形になって、「曲」になっていったのかも。

幼い子どもはほうっておいても「おままごと」をしますね。真似る、ふりをする、役割を演じる……劇をすることで何かを表現しようとするのは人間の本能です。劇が演じられれば、そこには音が欲しくなる。古代ギリシアには、おそらく人間が水の流れる音、雨だれの音など、自然の音から感覚的に掬《すく》い取った「音階」が存在しました。「ドレミファソラシド」ではなく、「テトラコード」という四つの音の組み合わせで、「ラソファミ」「ソファミレ」「ファミレド」の三種類です。つまり、古代ギリシア劇には音楽があった。

そのころ、哲学者のピタゴラスが弦を使って発見したのが「倍音《ばいおん》の原理」で、これが今の音階を考え出す基礎となりました。倍音の原理というのは、弦を張ってはじくと「ド」

が鳴ったとします、その弦の真ん中を押《お》さえてはじくと、オクターブ上の音が鳴る。三分の一のところを押さえると三分の二のほうは低い「ソ」が鳴り、短い三分の一のほうは高い「ソ」が鳴る。この倍音の原理をさらに細かくしていくといろいろな音ができ、それを集めると音階ができるというわけです。同じころ、中国では水の入った筒を使って同じようなことを発見しました。

●音符の発明

——そういう音楽を、記録して誰にでもわかるようにしたのが、音符や楽譜？

そうですね。音符というのはヨーロッパのたいへんな発明だと思います。ヨーロッパ以外でもそれぞれ該当するものはあって（指使いなど楽器の奏法を記した「タブラチュア（奏法譜）」など）、日本の雅楽でもある種の記譜《きふ》法はありますよ、尺八《しゃくはち》にも独特の譜があります。ただそれほど正確なものではない。能にも義太夫《ぎだゆう》にも音符にあたる記号がありますが、だいたいここで高い声にいく、ここでこういう拍子をとる、といった勘所《かんどころ》みたいなものです。時間軸上に高さと時間をある程度正確に表すことができるのはヨーロッパの音符だけです。

五線譜はたまたま五本なだけで、線は何本あってもかまわない

それも、はじめは三線ぐらいに長い音符、短い音符を記号で表すだけでした。

――もともとは何のために生まれたんだろう。

聖歌（チャント）です。ローマ・カトリック教会の典礼でラテン語で歌われた「グレゴリオ聖歌」が整備されたのは十〜十一世紀です。四本線に菱形の記号を書く「ネウマ（neuma＝ギリシア語で「記号」）」という記譜法で、今に残るいちばん古い楽譜です。

――それがだんだん整備されて今の五線譜になった？

そうです。「ドレミファソラシド」が生まれたのもグレゴリオ聖歌で、聖職者が聖歌を歌うときに唱えたのが最初です。当時はラテン語で「ウットゥレミファソラシ」でしたが、ウットゥがいつの間にか「ド」になったのです。でも、五線譜というのはたまたま五本なだけで、線は何本あってもかまわないんです。ただ、そこに音符を一つ記しても何の音かわかりません。それをわからせるために音部《おんぶ》記号があるわけです。「ソ」の位置を示しておこうということで、「G」が記号化されてト音記号になった。基準が決まれば他の音も

何の音？

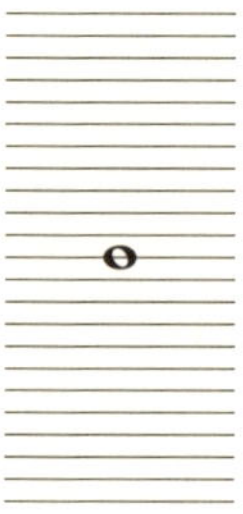

決まってくるでしょう。「ド」の位置を示せば、ハ音記号になるCのデザイン化です。「ファ」を示して、それもデザイン化し、へ音記号になった。すべて「G」「C」「F」という文字がモトです。五本の線があれば、ちょうどオクターブが書ける、またピアノでも五本の指にちょうどいいからそうなった。ですからほんとうは無数の線があって、どの五本を選んでいるか、ということなんです。

――全部書くと、線だらけになってしまう。

十五世紀になるとグーテンベルクによって印刷術が発達しますね。それを背景として楽譜が今のようにきちんと整備されたのは十七世紀。例のデカルトの合理主義が関係していると思います。物事を合理的に考えていく動きと並行して楽譜も整えられたのです。さらに、十八世紀になると産業革命によって伝播《でんぱ》する技術が生まれてくる。その流れのなかで楽譜の整備も一層進んだのでしょう。

●基本は人の声だった

同じように歌っているつもりで
四～五度低いメロディを歌っていることがある

——楽譜が残るようになると、どこででも演奏したり歌ったりできるね。

当時、教会で聖歌を歌うのは男性だけでした。その歌い手のなかに、ぼくの推測ですが、もしかしたら音痴《おんち》の人がいたかもしれない。自分は同じメロディを歌っているつもりなのに、四～五度低いメロディを歌っている。そうするうちに一定して四度下を歌う「平行オルガヌム」という形ができてきます。四度下というのは、自然にそうなってしまうことがあるんです。お坊さんのお経もそうで、一人が「般若波羅蜜多《はんにゃはらみった》……」と唱《とな》えていると、どういうわけか別のお坊さんが四度下で同じように唱えていることがよくあります。

——それは人間共通の自然な感覚？

不思議ですが、そのようです。その四度差が認知されてくると、グレゴリオ聖歌の最初に固定された定旋律《ていせんりつ》 tenor（「保つ」の意味で、「テノール」の語源になりました）に対して、四度低いものが「バス」となる。そうするうちに、教会の外では女性も歌に参加するようになり、定旋律より高い声で歌いはじめます。「高い」は「アルタ」、名詞形が「アルト」です。やがてテノールが歌う定旋律を歌いたいという女性も現れます。それを女性が歌うと、「アルタ」よりも声が高くなる。「高い」のさらに「上にある」、おそらく「スーパー」の意味で「ソプラ」、それが「ソプラノ」になったんじゃないか。

こうして「テノール」「バス」「アルト」「ソプラノ」の順で四声体が定まってきます。少しのちに作曲家ラモー（一六八三―一七六四）が音楽の基本となる和音の理論（和声学）の本を書きますが、この四声をもとにして和音が構成されていくことになった。さらに、その四声体を楽器で表現するために、高さに合わせて第一ヴァイオリン、第二ヴァイオリン、ヴィオラ、チェロという形態ができてくるんです。

――えっ、楽器は人の声の高さに合わせて生まれたの？

声を楽器に置き換《か》えたんです。今でこそ、音楽はメロディがいちばん大事みたいに思われていますが、和声学の考えでいくと、いちばん大事なのは下です。バスが基本で、それによって上の響きが決まってくる。だからバスを補強しなくてはなりません。そのために、チェロに加えてコントラバスという楽器を重ねたんです。

コントラバスは、チェロと同じ音を弾くと一オクターブ下が鳴ります。チェロと重ねればとても太い音になる。バスがしっかりする。それで第一ヴァイオリン、第二ヴァイオリン、ヴィオラ、チェロ、コントラバスという五つの声部（各旋律線、パート）ができた。といっても、じつはコントラバスはチェロの補強ですから、実際には四声部なわけです。

――補助席に座っているみたいなもの？

というより、コントラバスは別の家族なんです。後にもお話ししますが、ヴァイオリン、ヴィオラ、チェロは「ヴァイオリン属」という同じファミリーに属します。ヴィオラ・ダ・ガンバやヴィオラ・ダ・ブラッツィオなど、ヴァイオリンができる前の楽器の名残りがコントラバスです。これらは「ヴィオール属」といい、ヴァイオリンとは家系が異なります。

●音楽は進歩している？

――音符ができ、楽譜が整い、楽器も増え、ぜんぶが合理的になってきて、音楽は時代とともに進歩してきた？

進歩はしていないですよ、変化してきただけ。文化というのはどんなものであれ、花が咲いてまた萎《しぼ》み、を繰り返すものです。美術にしても何がピークかわかりません。日本なら江戸時代の浮世絵《うきよえ》が頂点かもしれないし、もっと前の雪舟《せっしゅう》（室町時代の水墨《すいぼく》画家）かもしれない。明治時代に洋画の黒田清輝《くろだせいき》や青木繁《あおきしげる》が出てきたあたりかもしれない。あるいは「今」かもしれない。

——たしかに。でも曲をつくる人も、曲の数も、演奏する人や、もちろん聴く人も、確実に増えていったんでしょ。やっぱり、楽しいから？

王侯《おうこう》貴族が抱《かか》えたということもあります。教会と宮廷で需要《じゅよう》があったんです。つまり曲をつくる人は、教会や貴族たちの注文に応じてつくっていたわけです。

——えっと、「最初の作曲家」って誰？

一人は、フランスの**ギヨーム・ド・マショー**（一三〇〇ころ—七七）だといわれています。彼のつくった《ノートルダム・ミサ》は、楽譜として残っている最古に近い曲です。今とは感覚がまったく違うので「名曲」といえるかどうか。今聴くと、まあ変わった曲ですね。

――マショーさんが「作曲家」という職業の第一号？

本職はカトリックのお坊さんだったと思います。

――音楽が一つの分野として認知されたのはいつなんだろう？

中世以前から吟遊詩人《ぎんゆう》が各地にいました。楽器を奏《かな》で、自作の詩を吟唱しながら諸方を遍歴《へんれき》する。**バッハ**（一六八五―一七五〇）の家系はそれでした。数百年、連綿《れんめん》と吟遊詩人の家系が続いてきた先に、あの大バッハが生まれたわけです。おそらく古代ギリシアで演劇が盛んだったころから、（音楽家と呼ばれたかは別にして）音楽を専門にしている人はいて、それが続いたりかたちを変えて広まったりしたのでしょう。日本でも南北朝時代の能役者、観阿弥《かんあみ》（一三三三―八四）や室町時代の『花伝書《かでんしょ》（風姿花伝《ふうしかでん》）』を書いた世阿弥《ぜあみ》（一三六三？―一四四三？）は、美学者でもあり、能楽の作曲者といってもいい。おそらくどこの地方、どんな民族でも似たような流れがあって、いわゆる「作曲家」が生まれてきたのだと思います。

バッハの話をしますと、彼は教会の注文を受けて、独唱と合唱も含むカンタータ（声楽曲）を何百曲とつくりました。毎週お祈《いの》りが異なれば、それに応じた音楽が必要だからです。聖職者が今週はこういうお説教をしますと言えば、それに合わせて曲をつくる。ぼくが大河ドラマで毎週、場面ごとに作曲をしていたとき、「バッハが毎週カンタータをつくっていたようなものだ」と思っていました（笑）。

――ちょっと質問。バッハはドイツ人でしょ、カンタータは……。

イタリア語です。音楽用語にイタリア語が多いのは、ルネサンスがフィレンツェで始まり、ルネサンス以後はヨーロッパで「文化」といえば、イタリアが中心だったからです。十七世紀初めになると、イタリアで**モンテヴェルディ**（一五六七―一六四三）などが最初期のオペラを書きました。「オペラ」ももちろんイタリア語で、元来は英語のワーク、作品や仕事という意味です。今はすっかり日本語でいう「歌劇」ですが。当時は「文化は南のイタリアからやって来る」というのがヨーロッパ人の常識で、**モーツァルト**（一七五六―一七九一）の時代ぐらいまで、オペラはイタリア語でなければいけなかった。彼はオーストリア人ですが、《フィガロの結婚》や《ドン・ジョヴァンニ》など有名なオペラはイタリア語です。《魔笛《まてき》》などドイツ語のものもありますが、それは正式にはオペラではなく、ドイツ伝統の歌芝居《うたしばい》「ジング・シュピール（歌う・しゃべる）」に分類されました。ジング・シュピールはふつうの台詞《せりふ》も含む、今のミュージカルみたいなものです。逆にいえば、ドイツ語でやるものはオペラではなかったんです。

つけ加えれば、ヴォルフガング・アマデウス・モーツァルトは芸名で、本名はヴォルフガング・テオフィル・モーツァルトです。真ん中をアマデウスという、イタリア風かつラテン系の名前に変えたんです、そのほうが文化的だから。フランク永井みたいなものですね（笑）。

――**イタリアが憧《あこが》れの的だったんだ。**

その後、フランス革命などで貴族が没落《ぼつらく》し、市民の勢力が勃興《ぼっこう》してきます。人間の歴史が面白いのは、それと時期を同じくしてベートーヴェンらがドイツ語でオペラを書くようになったこと。自分たちのアイデンティティというか、民族意識が出てくるのが革命の時期と一致している。ヨーロッパ文化におけるイタリア支配からの最初の脱却《だっきゃく》が、フランス

音楽で民族意識が出てくる時期は歴史的な革命期と一致している

革命だったわけです。そこでイタリア文化を中心にした価値観が崩《くず》れました。その次の崩《ほう》壊《かい》は二十世紀になりますが、音楽用語としてのイタリア語は残りました。今も音楽教室で習う音楽用語は、基本的にイタリア語です。それでも革命以降は、ドイツの作曲家はドイツ語を用いたり、フランスの作曲家は「レント lento」（遅く）をフランス語で「ラン」と書きました。最後の o がないだけで、ラテン語系は似ていてわかりやすい。ドイツ語となるとラングザム langsam となってまったく違いますけれどね。

●作曲の原点としてのバッハ

――バッハといえば、教科書で習う音楽史に入ってきた感じ。

バッハは、すべての音楽的システムの原点にいるという点で第一の改革者だと思います。音楽理論がどういう形をしているか、どうあるべきか、どういうふうに応用できるか、それを示したのがバッハです。彼の偉大さは、作曲技術の驚くべき高度さ。飛び抜けています。これも突然変異ではなく、チョウチンアンコウと同様、先祖代々の頂点にいるということです。ただ、曲がもっぱら注文に応じて書かれるだけではなくなったのは、**ハイドン**

バッハは音楽システムの原点にいる
第一の改革者

おもな作曲家たち

中世	●ギヨーム・ド・マショー（1300ころ–77）
ルネサンス 1420〜1600年	●ダウランド（1563–1626）
バロック 1600〜1750年	●モンテヴェルディ（1567–1643）
	●ヴィヴァルディ（1678–1741）
	●バッハ（1685–1750）
	●ヘンデル（1685–1759）
古典派 1750〜1820年	●ハイドン（1732–1809）
	●モーツァルト（1756–91）
	●ベートーヴェン（1770–1827）
ロマン派 1820〜1900年	●ロッシーニ（1792–1868）
	●シューベルト（1797–1828）
	●メンデルスゾーン（1809–47）
	●ショパン（1810–49）
	●シューマン（1810–56）
	●ワーグナー（1813–83）
	●ブラームス（1833–97）
	●サン＝サーンス（1835–1921）
	●ムソルグスキー（1839–81）
	●チャイコフスキー（1840–93）
	●ドヴォルザーク（1841–1904）
	●マーラー（1860–1911）
	●リヒャルト・シュトラウス（1864–1949）
現代 1900年〜	●ドビュッシー（1862–1918）
	●ラフマニノフ（1873–1943）
	●シェーンベルク（1874–1951）
	●ラヴェル（1875–1973）
	●バルトーク（1881–1945）
	●ストラヴィンスキー（1882–1971）
	●メシアン（1908–92）
	●ケージ（1912–92）

1300　1400　1500　1600　1700　1800　1900　2000

（一七三二―一八〇九）の晩年以降なんです。

――自主的に、自分の意志でもって曲を書いた？

そうです。ハイドンはハプスブルク家のエステルハーツィ侯爵《こうしゃく》に抱えられていて、この人が所有するオーケストラのためにさまざまな曲を書きました。侯爵が亡くなって後を継いだ人が音楽に興味がなく、オーケストラが解散する。職を失ったハイドンは、興行師の招きでロンドンに演奏旅行に行き、以後フリーの作曲家としてさまざまな活動をします。

ハイドン（オーストリアの作曲家 1732-1809）は池辺さんの今後を励ます作曲家？

そうなってから、どこから依頼をされたわけでもないのに大曲をいくつか書いた。あれだけの大作曲家が、職を失った途端《とたん》、誰の注文でも命令でもなく、自分の発想で書くチャンスだと、それまでに書かなかった二時間もかかる合唱とオーケストラのためのオラトリオなどの大作を書いたんです。

ハイドンは失職してから
自身の発想で作曲するようになった

●ベートーヴェンの革命

――作曲家の自覚にも少しずつ変化が……。

ハイドンのあと、革命的だったのは**ベートーヴェン**（一七七〇―一八二七）です。「この曲で何を主張すべきか」と自身の哲学を封じ込めたような曲を書いたのは彼が最初でしょう。つまり、自分の人生を反映させた曲が書かれるようになった。それは市民生活の始まりと関わっていると思います。市民が自らの発想で自分たちのためのものをつくるようになったのはフランス革命のあとです。ベートーヴェンが盛んに曲をつくったのが、まさにフランス革命が終わったころでした。

――自分の意見を主張する市民が登場したことで、作曲も変わった。

芸術といえども、市民生活や政治的背景、社会の変化と当然、関わっていますから。音楽で何を伝えられるか、主張できるか、表現できるかを考えたのがベートーヴェンです。

彼以前にそれはなかった。まさに市民社会の誕生とつながっています。

●音を平等に

話は飛躍《ひやく》しますが、二十世紀初めになって起こったのは、「十二音主義《じゅうにおんしゅぎ》」です。一オクターブには十二の音があって、その十二の音には中心の音と周辺の音というヒエラルキー（階級差）があるんです。ようするに「ド」を中心とする太陽系のような組織で、「ド」（主《しゅ》音《おん》）、「ソ」（属音《ぞくおん》）、そして「ファ」（下属音《かぞくおん》）が大きな三つの星です。「ド」が将軍さまなら、「ソ」は大老、その補助をするのが「ファ」となる。

――音に序列があるなんて驚き。

話せば長くなるから略しますが、理由はちゃんとあります。それに続いてピアノの白鍵《はっけん》にあたる「レ」「ミ」「ラ」「シ」の四音は家老かな。以上の七つが惑星みたいなものです。そしてシャープやフラットの半音は、いわば衛星です。地球にくっついている月みたいなものですね。その合計十二音を、オーストリアの**シェーンベルク**（一八七四―一九五一）が中心になって「平等にしよう」という動きを始めたんです（一九二一年に体系化）。

――面白い。

その実現のために複雑な原理を考えたのですが、底流にある大原理は「一つの音が一度出れば、他の十一音が出そろうまで二度と出てこない」こと。全部平等ですから。頻繁《ひんぱん》に「ド」ばかり出ると、それが中心になっちゃうでしょ。

――野球のローテーションですね。

そう、十二人でつくるローテーション。それを複雑なシステムで構成し、曲にするんです。そのために、ドイツ語で「セリー」（シリーズ）という、一つの曲における十二の音の順番「音列」を決める。それをうしろから読んだり（逆行形）、「ドソ」を「ドファ」というように同じ距離《きょり》を上でなく下に行く反進行で読んだり（反行形）すれば、基本の十二音列をもとにさまざまなヴァリエーションができる。

——数学の世界だ。

そうですね。しかも最初につくった音列を、トランスポジションといって位置をずらす、つまり「ド」で始まっていたものを「レ」で始める、「ミ」で始める、ということをしていけば、一つの音列に十二の高さができる。また、それぞれに逆行形、反行形、反行形の逆行形、とすれば四十八個の音列ができるわけです。

——ちんぷんかんぷんになってきた……。

それを組み合わせて曲をつくることを「セリエリズム」といいます。十二音主義はセリエリズムのはしりだったわけです。その後、いろいろな作曲家が、今度は音の高さでなくて強さにも列を決めよう、弱いほうからピアニシモ、ピアノ、メゾピアノ、記号なし、メゾフォルテ、フォルテ、フォルティシモなどと決めて、それを組み合わせる。さらに音の長さも非常に短い音から長い音まで番号をつけて、つまり高さも強さも長さも、さらにテヌート、スタッカート、スラーなど演奏のアタックについても順番をつけ、それらをすべて組み合わせてつくるという音楽が現れたんです。「セリエル（音列）・ミュージック」といいます。

――……。

難しい理論はともかく、そういった主張、つまり音の平等性などがいわれ始めた時期が、ロシア革命や、ハプスブルク家やオスマン・トルコの崩壊などといった時期と一致している。また、チェコやハンガリー、北欧など、いわば〝辺境《へんきょう》〟である地域の音楽もわきおこってきました。モーツァルトが《トルコ行進曲》をつくった背景には、ウィーンがオスマン・トルコに包囲されたときに城壁の向こう側で鳴っているラッパや太鼓をたくさん使ったトルコ音楽を聴いたことが反映されています。またモーツァルトのオペラ《後宮《こうきゅう》からの逃走》はトルコが舞台になっています。音楽がさまざまなかたちで時代と密接に関わっている一例でしょう。他の地域の音楽、というか文化には誰でも興味を抱くんですね。

音楽はさまざまなかたちで時代と密接に関わっている

●シューマンの実験精神

近代になると、音楽史を変えた人は随所《ずいしょ》に現れます。シェーンベルク、ストラヴィンスキー、バルトーク、ドビュッシー……。でもいわゆるクラシックの作曲家でもっと前の人を挙げれば、**シューマン**（一八一〇―五六）かもしれません。いろいろと実験的なことをしています。

一つは、音をたくさん鳴らし、それを順番に消していくことによって、最後の一音が残る、というピアノ曲を書いています。

――逆転の発想？　消えることが音楽になる。

消えていくことで音を意識するんです。《アベッグ変奏曲》や、曲の最後がそんなふうになっている《パピヨン》など。

――そうなるともう、思想や実験行為などを曲で表現している感じ。

ずっとあとになって、芥川也寸志《あくたがわやすし》さん（一九二五―八九）が「マイナスの音楽」ということを考えました。若いころに旅をしたインドにカジュラホ、アジャンタ、エローラなどヒンドゥー教の石窟《せっくつ》寺院がある。そこでは彫像が石膏《せっこう》で固められたものでなく、岩山を削《けず》ることによって浮き彫りにされていた。それを見て芥川さんはショックを受け、「何もないところから石膏を固め、ゼロからプラスしていくヨーロッパの美術のあり方とはまったく違う、アジアにおいては岩山を削り取ることによって形を生み出していく、これはマイナスの美学である」と。そして同じことを音楽でやろうと考えました。

ぼくが大学生のとき、その理論で書いた曲の初演を聴きました（《弦楽のための「陰画」》一九六六年）。弦楽オーケストラで、何オクターブかのすべての半音がいっせいに、不協和に響いている。やがてヴァイオリンの一人が弾きやめる、そのことによってその音がわかる――というのだけれど、音がたくさんあって判然としない（笑）。聴いていて、まったくわからない曲でした。

ところが芥川さんはめげずに、特注《とくちゅう》で電気オルガンをつくらせました。（詩人の）谷川俊太郎さんが、これはオルガンのお化けだというので「オルガドン」という名前をつけたそうです（笑）が、このオルガンは電源を入れるとすべての鍵盤《けんばん》が鳴り、弾くと音が消える。

でもね、いっぱい音が鳴っているなかで一つ消えてもなかなか認識しづらいですよ。芥川さんはそれをオーケストラにも応用しましたが、結局は挫折《ざせつ》してふつうの音楽に戻った。でも、ぼくはこれはとても素晴らしい試みだと思っています。「アジアの音楽とは何か」を追究したらそこで遭遇したわけで、追究しようとした姿勢も素晴らしいし、もっと下世《げせ》話《わ》なことをいえば、そういう実験を先人がしてくれたために、同じ愚《ぐ》をわれわれは繰り返さずに済むわけです（笑）。

ところが、これは少ない音であれば効果的で、ぼくはやったことがあります。鍵盤があれば実験してみるといいと思いますが、ドレミファソをいっぺんに鳴らし、順番に離していくと、消えることでドレミファソがわかる——不思議な聴覚体験ですよ。オルガンのように、音が減衰《げんすい》しない楽器のほうがわかりやすいでしょうけど……。

シューマンはほかに、三拍子の曲に二拍子を組み込む、など面白い試みをしています（「ヘミオラ」といいます。ほかの人にもたくさん例がありますが）。さらに、チェロが曲の途中でぐーっとネジをゆるめて調弦を変えることもやっている。二十世紀になると時々そういう試みはありますが、あの時代にそういうことをしたのはシューマンぐらいですね。

——先駆《せんく》的な人だったんだ。後世からみて、だろうけど。

当時は何をやっているのかと思われたかもしれない。シューマンは、作風は違いますがショパンと同い年です。文筆家でもあり、自分で新聞を発行して音楽評論をしていました。若いころにショパンのデビューに立ち会い、有名な文章を書いています。「諸君、脱帽《だつぼう》し

新しいものを目指すことは、
それまで何があったかを知ること

たまえ。天才が現れた」と。

●残る音楽、消える音楽

――音楽の授業で習うクラシック音楽の有名人がいっぱい出てきたけど、そもそも、なにをもって「クラシック音楽」というの？

人口に膾炙《かいしゃ》して、ある程度定着したものをクラシックと呼ぶようになっていますね。まあ一般的には、クラシック音楽の原点はバッハやヘンデルと認識されていて、先にお話ししたギョーム・ド・マショーやモンテヴェルディらの音楽は「古楽」として扱われています。創造する人間の眼差《まなざ》しというものは、たいてい未来のほう、新しさのほうに向きます。ぼくも若いころは「新しさ」を強迫観念のように考えた時期がありました。新しければよいというものではない、と前に話しましたが、結局、新しいものを目指すということは、それまで何があったかを知ることなんですね。それで古典と徹底的につきあうことにして、バッハやモーツァルトやベートーヴェンらの曲を徹底的に聴き、音符の裏を探ったりしました。

——もはや古典になった二十世紀の《春の祭典》も、当時は新しかったんだよね？

もちろん、新しすぎて猛攻撃《もうこうげき》されました。いま古典といわれているものは、当時はどれも新しかったんです。そのなかで残ってきた作品の条件は、一つは時代を反映していることだと思います。モーツァルトはザルツブルクの枢機卿《すうききょう》と大喧嘩をして辞め、宮廷の楽長になろうとしたけれどなかなかなれず、仕事を転々としながら食いつなぎました。そんな境遇もあってか、彼のオペラ《フィガロの結婚》は当時の貴族を攻撃していて非難もされましたが、それからわずか三年後にフランス革命が起きます。モーツァルトが子どものころに一緒に遊んだといわれるハプスブルク家の王女、マリー・アントワネットは、フランスのブルボン王家に嫁いでいたために処刑《しょけい》されてしまいました。ということは《フィガロの結婚》は貴族社会が崩壊するという、ある意味では前兆《ぜんちょう》になっていたのです。

——やっぱり時代とすごく関わっている！

もう一つは、それと関連していますが、同時代の人びとにどれだけ愛されるか。愛され

同時代の人に愛されれば
次の時代に継承される

れば次の時代に継承されていきます。そうやって残っていくものが「クラシック」になるんですね。

――でもバッハやハイドンの作品でも消えていったものはあるのでしょう？　時代が変わっても人の感性や心に訴える、その分かれ目はなんだろう。先生が「シューベルトが好き」というのはどうして？

シューベルトは、ヨーロッパ音楽を成している和声学やメロディやリズムの理論などを、もっとも自然に具象化していると思うからです。しかも理論を越えて、自然に。バッハやベートーヴェンが音楽の改革者であるというのは普遍性《ふへんせい》のある評価でしょうが、シューベルトは何かを発生させた人でも、改革者でもない。自然体なのに結果的に音楽理論に非常にかなっていたという点で、おそらくぼくの個人的な好みです。まったくナチュラルにつくりながら、結果的にヨーロッパの音楽理論と合致している。それは天才の証《あかし》でしょう。

――ならば、音楽理論というのは非常によくできていることになる。

というか、よくできた作品があれば、それが音楽理論に付加されていくわけです。

——たとえばヴィヴァルディの《四季》みたいな曲は、ほぼ文句なく心地よく聴こえる気がするんだけど、なぜだろう。

ヴィヴァルディはつねに「調和」について考えていました。調和を研究し、ピタゴラスが考えた倍音の原理を原点として《調和の霊感《れいかん》》という協奏曲さえ書いています。一方で、現代フランスに「スペクトル楽派」という一派があります。オーケストラを鳴らしたときに、すべてを倍音理論で書いていこうという理論です。倍音というのは、ものすごく高次で、人間の耳には聞こえないほどのものもある。たとえばピアノで低い「ド」を叩くと、この一音の上に実際はたくさんの音が鳴っています。この「ド」に近い音ほど聞こえ、かすかに「ソ」も鳴っている。含まれているわけです。第一倍音から第二倍音、第三倍音……第十倍音となってくると人間の耳には聞こえません、でもじつは含まれていて、ようするに音の波が重なっている。「スペクトル楽派」はこれを実際に鳴らしてみよう（一つの基音に対する倍音を加算合成していく、既存《きそん》の音響をスペクトル分析《ぶんせき》して応用する）という現代音楽です。

――ふつうは聞こえていない音を聞こえるようにする？

楽器で出してみる。物理の原理ですが、音はそれだけでは成り立たないんです。一つの音が鳴ると、その上に必ず振動数が倍のものが同時に鳴る。それが物理的な音のあり方です。

――どんな音でも？

はい。コーヒーカップがぶつかってカチャッという音の上にも、音がいっぱい鳴っています。ただし人間の耳には聞こえない。でもグラフか何かにすれば出てくる、それを実際に鳴らしてみようとしたわけです。

――鳴ると、どんな感じ？

ものすごい不協和音です。ギャアアアアアというような。

——不快！　だとするとヴィヴァルディとは対極のような……。

低次倍音だけで考えていれば、非常に調和するわけです。

——……調和にもいろいろあるんだ。

②　場所が違えば音楽も異なる？

●地域で変わる基準

——世界でまったく同じ音楽が親しまれているわけではないよね。地域によって、名曲の基準も違う？

美人の基準もファッション感覚も音楽も、おのずから地域差が出てくる

「美人の基準」について何かで読んだ話ですが、日本の美人女優をどこかの原住民に見せたところ、まったく美人と思わなかったそうです。言語にしても、どうして地球にこれだけの人間がいて地域によって言葉が異なるのか、理由はわかりませんが、一定の面積でできる集落や部族に仲間意識があって、共通の耳や目や舌の感覚や機能をもっている、そういうところで共通のものが生まれてくる。美人の基準もファッション感覚も音楽も、おのずから地域の区別が出てくる。人間が集落や部族をつくる動物である以上、これは否《いな》めないことだろうと思います。

――世界各地を訪れて、とりわけ地域の違いを感じたのは?

エジプトでは、結婚の祝いでも、お祭りをしていても、聞こえてくる音楽がどれもほとんど同じリズムなんです。何から何までよく同一のリズムでできるなあと感心しました。それが国民性を獲得しているわけです。

――エジプトでもベートーヴェンやモーツァルトは聴かれているの?

はい、オーケストラがありますから。ところが、カイロ交響楽団がシベリウスの曲を演奏すると、「まったくわけがわからない」と楽団のメンバーが言うのです。暑い国の人にとって、フィンランドのような寒い国の音楽は、感覚がかけ離れているんですね。逆にイタリアのカンツォーネなど、地中海の音楽は大好き。地理や気候の近いところで生まれた音楽は理解しやすくても、北欧の音楽だとそうはいかない。

——音楽に気候が影響するんだ。それでも、西洋のクラシック音楽はどこにでも進出している……。

それは、やはり合理主義だと思います。伝えやすい、伝える手立てをもっている。ヨーロッパの楽器は非常にシステマティックです。各々の〝家族〟があり、たとえばフルートと同じ指使いで吹ける小型のピッコロはフルートより一オクターブ高音域、さらにフルートより低音域が出るアルトフルートもある。同じファミリーの楽器は同じ指使いで吹けるということは、習得しやすい。

今は日本でもアジア・オーケストラ・ウィークのような催《もよお》しがよくありますが、タイやベトナムやマレーシアでも優秀なオーケストラがベートーヴェンやモーツァルトを演奏しています。楽譜も楽器もシステマティックに整備されているからです。

――だったら、各地域でしか演奏されない、合理主義にかなわないものは伝播しにくいよね。世界各地のマイナーな音楽は、滅亡していかないの？

保存する稀少《きしょう》性が博物館で認められたようなものですから、おそらく滅亡はしないでしょう。別の価値観で楽しむということです。

マイナーな音楽は
別の価値観で楽しむ

今は中国でも韓国でも洋楽の水準が非常に高い。英才教育のシステムが徹底していて、すぐれた演奏家が次々と出てきています。一方でそれぞれ伝統音楽はあって、中国では二《に》胡《こ》（アールフー）など伝統楽器のオーケストラもある。二胡はサイズによって小さいものから、座って弾く「チェロ二胡」、立って弾く「コントラバス二胡」のような大きなものまであります。それに地域オペラもあって、北京《ペキン》の京劇のほか昆劇《こんげき》（江蘇《こうそ》省）や晋劇《しんげき》（山《さん》西《せい》省）、越劇《えつげき》（浙江《せっこう》省紹興《しょうこう》の女性演劇）、粤劇《えつげき》（広東《カントン》省）など、各々のシステムをもっている。そういった地域の音楽がものすごく大事にされています。

それらは掘り下げる値打ちはあるけれど、伝えることには向きません。インドネシアの楽器ガムランは、ジャワ島とバリ島でさえ異なります。それぞれ狭い地域で深く掘り下げていて、学問的な深みはありますが、外へは伝えにくい。日本の音楽大学でガムランを研究している人はいますが、それは地域や民族的なものの探求心からやっているわけです。シタールを弾く日本人も、あくまで民族音楽として他国の楽器を弾くことに意味を感じてのことでしょう。全世界的なグローバルな意味で扱っているわけではありません。

――ヴァイオリンやチェロなどとは対照的。もし日本の音楽や楽器がものすごくシステマティックになれば、世界に広まる？

もう遅いでしょうね。でもエキゾチシズムの意味では世界でかなりやられています。柔《じゅう》道《どう》が世界のスポーツになっているように、尺八は世界でずいぶん吹かれていますよ。でも、たとえば雅楽が世界じゅうで楽しまれるようになることがいいことか。ガムラン音楽がイギリスでもフランスでもアメリカでもブラジルでも楽しめるようになれば、いい時代になったといえるかどうか。そうじゃないと思うんです。グローバルな音楽と、稀少価値のある音楽に、いいわるいも優劣もありません。

――どっちも堂々とあっていいんだ。

グローバルな音楽と稀少価値のある音楽に
いいわるいも優劣もない

お国柄《くにがら》という点でいえば、ドイツとイタリアでは音楽そのものが違います。簡単にいえばドイツ系の人は「しっかり構築する」、イタリアの人は「よく歌う」。

――ドイツは理論的で、イタリアは感情豊かな感じ？

まあ、そうですね。オーケストラであれば、指揮者がドイツ人の場合とイタリア人の場合では演奏が変わります。テンポの揺らし方もまったく違う。簡単にいえば、「は、るがき、た、は、るがき、た、ど、こ、に、きたー」と歌うのと、「は～るがき～た、は～るがき～た、ど～こ～に～きた～」と歌うのではまったく違うでしょう。オーケストラはその指揮に従って演奏するわけです。

――指揮者って棒を振っているだけに見えるんだけど、奏者は指揮者に応じてそんなに自在に変われるの？

変われますよ。だって、一人で弾いているのではなくて全体で一つのことをするのですから。それに、音って指揮者の振り方でほんとうに変わるんです。オーケストラ全体にパンッとすごく強い音を出させたいとき、「ため」というのですが、体を構えて、ためてためて振る、逆の場合は小さく縮《ちぢ》んだ身振りで振る。アクションや表情で欲しい音が出てくる。つまり指揮者は、自分は楽器を演奏しないで音を変える、いわばオーケストラという楽器を演奏していることになる。

N響を育てたともいえる指揮者ウォルフガング・サヴァリッシュ（一九二三―二〇一三）は〝君臨度《くんりんど》〟がものすごく高かったそうです。当時のメンバーに聞くと、オーケストラの八十人の前でサヴァリッシュが指揮台に立っていると、各々が八十本の糸で操《あやつ》られているような気がしたそうです。

――なんだかこわい。

こんな話があります。ある有名な指揮者がベートーヴェンの《田園》と《運命》をやることになっていたとき、曲順を間違えそうになった。《田園》なのに、舞台袖《そで》からものすごい顔をして出てきて指揮台に上がり、こわい表情のままタクトを振り上げた、その瞬間、コンサート・マスターが「マエストロ、違います」と囁《ささや》いたそうです。まだ振っていないのに。歩き方と顔でわかった（笑）。

――《田園》の顔じゃなかった（笑）。未遂《みすい》に終わってよかったね。ところでサヴァリッシュさんはドイツ人でしょ、N響はドイツ系だったんだ。

それは明治維新のときに日本がどのように西洋文化を取り入れたかという話にさかのぼります。軍楽隊が西洋音楽を演奏するようになり、最初はイギリス人のフェントンを軍楽隊長として呼ぶんです。そのあと、ドイツ人エッケルトに交代します。同時に軍隊もドイツ式になり、日本は文化全面をドイツから学ぶようになった。N響の前身、新交響楽団をつくった山田耕筰《やまだこうさく》（一八八六―一九六五）や近衛秀麿《このえひでまろ》（一八九八―一九七三）もドイツに留学していました。

ドイツ式でスタートした今のN響を、戦前に指導したのはやはりドイツ人のローゼンストックで、その後もサヴァリッシュ、オトマール・スウィトナー、ホルスト・シュタイン……ドイツの指揮者の伝統が続きました。それが一九八〇年代になるとイタリア人のチェッカート、フランス人のジャン・マルティノン、九〇年代にはスイスからシャルル・デュトワがやって来て少し流れが変わりました。岩城宏之《いわきひろゆき》（一九三二―二〇〇六）、外山雄三《とやまゆうぞう》（一九三一―）さんなど日本人の指揮者もいましたが、やはりドイツ系の人が圧倒的に多かったですね。

●「道」に掘り下げる理由

――日本の音楽といっても、もともとは大陸から来たんだよね？

そうですね。雅楽は中国ではすでになくなってしまい、かろうじて韓国で残っています。外からやってきたにもかかわらず、正統的に伝えているのは日本だけです。琵琶《びわ》などの楽器も、ペルシャからインドを経て中国に来て（ピパ）、そこから日本に伝わりました。そんなふうに、文化として中国から日本に伝わってくるものは多い。ところが日本もさらに東へ伝えたいと思っても、東は海。太平洋はあまりに広く、アメリカへは伝えようがない、ならば伝えるかわりに下へ深く掘るしかない。ゆえになんでも深くなる。たかが取っ組み合いが「柔道」になり、花を生けることが「華道《か》」となり、匂いを嗅ぐことが「香道《こう》」となり、お茶は「茶道《さ》」に、文字を書くことが「書道」になる。何でも「道」に究められるのは、日本がほかにもって行けないからじゃないでしょうか。

東側が海の日本では
伝えるかわりに掘り下げて「道」になる

――それは悪いことではないと思うけれど。ふと疑問。音楽はなぜ「音道」でも「音芸」でも「音術」でもなくて、「音楽」なんだろう?

ほんとだね、「美楽」ともいわないですね。古代ギリシアからのミュージックの語源「ムジケ」を言語学者が調べればわかるかもしれない。ただ、少なくとも「音道」にならなくてよかったです。そうなったら、ものすごく頭でっかちで辛気臭《しんきくさ》くなったと思います。「道」として究《きわ》めるより、音楽はもっと気楽なものであっていいのかもしれません。

●音楽から音楽以外を感じる日本人

――数年前、世界的なピアノコンクールのようすを描いた『蜜蜂《みつばち》と遠雷《えんらい》』(恩田陸《おんだりく》)や、ピアノ調律師《ちょうりつし》が主人公の『羊と鋼《はがね》の森』(宮下奈都《みやしたなつ》)など、音楽に関する小説がとても話題になったよね。

『蜜蜂と遠雷』は斬新《ざんしん》で非常に面白く読みました。それで思ったのですが、十九世紀半ばのオーストリアにエドゥアルト・ハンスリック（一八二五―一九〇四）という音楽学者が現れ、「音楽というものは音楽以外の何ものも表現しない」と主張しました。「音楽は音の組み合わせによる音の芸術なのであって、何かの前にひざまずくものではない。モーツァルトの音楽は音の組み合わせが美しいのであり、何かを描写《びょうしゃ》したり何かを想起させるからいいのではない」と、ブラームスなどを擁護《ようご》して、たとえばワーグナーのような作曲家を「音楽で、文学や風景、物語など、音楽以外のものを表現している」と強烈に批判しました。

考えてみると日本に洋楽が入ってきたのは明治半ば過ぎ、そういう説が澎湃《ほうはい》として興《おこ》ってきたころです。オーケストラができたり、日本人がピアノを弾き始めたころに、ハンスリックの美学も入ってきた。それで日本にはこの美学を信奉《しんぽう》するエコール（流派）みたいなものもできたのでしょう。

そこまでが前提の話で、十年以上前になりますが、全盲のピアニストA君が何かの折に「ラヴェルのピアノ協奏曲を弾いていると、ぼくは海が見える」と言ったんです。なかなか素敵だなあと思いました。いい話だなあと、音楽家ばかり数人が集まったときに雑談として話したんです。すると、ピアノ界の大御所《おおごしょ》の大先生が、「何が海が見えるだ！　あの曲と海は何の関係もない。何つまらないことを言ってるんだ。君がそれが素敵だと吹聴《ふいちょう》するのはますますけしからん！」（笑）。ぼくはそのとき、「ああ、ハンスリックの美学は

日本人は音楽から音楽以外のものを感じる感性に長けている

まだ生きているんだ」と思いました。近年では「音楽はいろんなものと結びつく」という考えが実際上は大きくなって、誰もハンスリックの美学を口にしなくなっていましたから、その発言にはちょっと驚いたんです。ですからこれらの小説をあの大先生が読むと、カンカンに怒るでしょう（笑）。

――そういう音楽小説がとても売れたのはなぜなんだろう？

皆、音楽というものに癒《いや》される、音楽が何かを語ってくれる、音楽で何かが見えてくる、そういうことをどこかで望んでいるのだと感じました。ぼくの持論《じろん》は、日本人は音楽から音楽以外のものを感じる感性に長《た》けている、ということなんです。日本では古来、音楽が音楽だけで成立してきたことがほとんどありません。舞踊《ぶよう》や『平家物語』のような語り、歌舞伎《かぶき》や能《のう》、文楽《ぶんらく》など演劇的なもの……何かと結びついて存在してきました。ハンスリックがいうような音楽のあり方は日本ではなかったんです。皆無《かいむ》じゃないですよ。江戸時代中期に八橋検校《やつはしけんぎょう》がつくった箏曲《そうきょく》《六段の調《しらべ》》は純粋な器楽曲で、箏曲を代表する名曲中の名曲で、ないことはないんですがね。

3

楽譜が読めればいいことあるの？

――音楽を聴くのは好きでも、たくさん記号のある楽譜はとても難しそうに見える。

今の楽譜は世界共通、たとえば箏や尺八まで、あらゆる楽器に使えます。音名・譜表・リズム・拍子・音程・音階など、楽譜の読み書きに必要なルールを「楽典《がくてん》」といいますが、楽典は車を運転する人のための道路交通法のようなもので、楽譜という道を正しく走るための決まりです。それぞれの記号はスピードや一旦《いったん》停止（休符）など、さまざまな「標識」なんですね。子どものころ、ぼくはそういうことをまったく知らずに〝作曲〟をしていましたが、あるとき規則があることに気がつきました。

東京藝大を受けることになった高校時代、初めて音楽を勉強として捉《とら》えました。すると、いままでデタラメで書いていたものの理屈がわかってくる、それが面白くてしょうがなかったですね。たとえば自分でちょっといい響きを書いたなと気に入っていた和音が、どういう理屈の和音かわかった。何も知らずに書いていたのに、その理由を知ることができたのです。

基本として、音楽を構成するのは**リズム**、**和声**（ハーモニー）、**旋律**《せんりつ》（メロディ）の三要素とされています。ただ、そういうことを覚えたり楽譜が読めることと、音楽が楽しめるかどうか、ということは、まったく関係ありません。難しい話はともかく、「音は生きもの」ということを手がかりに、そのあたりをお話ししていきましょうか。

●調の不思議

――○長調、○短調、とかよく聞くけど、どんな意味があるの？

調は、音の高さの問題と考えられていますが、じつはキャラクターなんです。たとえばシューベルトの《未完成交響曲》は**ロ短調**で「シ」が主音、とても淋《さび》しくて愁《うれ》いのある雰囲気を、ロ短調であることを知らなくても誰しもが感じます。**ハ短調**の曲（ベートーヴェンのピアノ・ソナタ第八番《悲愴》や交響曲第五番《運命》など）を聴けば、たいていの人が「重たい、ずっしりとした、太い感じ」に聴こえ、明るくはつらつとしていると感じる人はいないと思います。**ヘ長調**（《田園》やシューマンの《トロイメライ》など）であれば「柔らかくて、あたたかい」感じ、**ホ短調**であれば、ロ短調に比べて「よりシンプルで、飾らない甘さと哀感《あいかん》」がある。つまり、調による感覚の差は非常にはっきりとあるんです。

でも、これらの「明るい」「重い」「柔らかい」「甘い」などの表現は、前にも触れたように楽譜には書かれていません。音の高さと長さ、強さ、曲の速さなどは書かれていても、明るさや重さを段階的には示すことができません。ですので「調」というのは、作曲家がこの曲をいちばん生かすには何調がいいかを考えた結果かもしれない、または曲のイメージが浮かんだときに、すでにもっともふさわしい調の響きをそのイメージがもっているのかもしれません。

――音楽の不思議？

じつは科学者も解明できない〝不思議〟があります。モーツァルトやベートーヴェンの時代から比べると、音のピッチ（高低の度合い）がどんどん高くなってきているんです。おそらくシューベルトの時代あたりまで、「ド」の高さが今より半音近く低かった。

――なんと！　地球温暖化みたい。なぜ？

刺激が欲しいんでしょう。高いほうが強く刺激を感じますから。もとの音に慣れてくるとだんだん刺激が減って、少しずつ音が上がってきた。ですから考えてみると、シューベルトのころのロ短調は今より半音ぐらい低かった。すると《未完成》は「変ロ短調」になり、まったく違うイメージをもつはずなのですが、なぜか曲のキャラクターは変わらないんです。ロ短調に限らず、高さが異なるのに調のもっているキャラクターが普遍的なのはどうしてか……誰もわかっていません。

――当時は今より低かったのに、同じ印象を感じる……ほかの曲でもいえること？

どんな曲でもそうです。ベートーヴェンの《運命》も今よりずっと低かったはずです。

――人間が変わった？

人間は変わらないと思いますよ、だから音楽の不思議であり、音は理論では割り切れないあらゆる要素を含んでいるともいえます。二十世紀のフランスの作曲家メシアン（一九〇八―九二）のように、ある音を聴くと特定の色が浮かぶという人もいます。音と色や光の関係を研究したロシアのスクリャビン（一八七二―一九一五）という作曲家もいる。また、特定の音で特定の香りを感じる人さえいるといいます。

――得体の知れない、説明できない生きもの……。

オーケストラが最初に音合わせをしますね、「ラ」の音を日本のオーケストラはだいたい四四二ヘルツで合わせていますが、世界でいちばん高いのはウィーン・フィルハーモニー管弦楽団で四四六ヘルツだそうです。逆にアメリカのオーケストラは少し低いといいます。一般の人の耳ではほとんどわからないぐらいの微妙《びみょう》な違いですが。

●拍子とリズム

――拍子《ひょうし》とリズムって別のものなの？

リズムなしで音楽は成立しないけれど拍子のない音楽はあり得る

拍子というのは、（机を一定の間隔で叩きながら）タン、タン、タン、タン、という「拍」のことです。この上に（口で）タタタタタ、タタタタタ、あるいはタンタタンタタン、タンタタンタタン、と合わせれば、それはリズムです。たとえば一日に二十四時間という「拍《はく》」（区切り）があるとして、そのなかで十二時から一時までは昼ごはんを食べる、一時半から二時十分まで昼寝をする、などというのが生活の「リズム」です。たとえ一時、二時という「拍」の区切りをまったく気にしなくても、食べたり寝たりはできますね。だから、リズムなしで音楽は成立しないけれど、拍子のない音楽はあり得るんです。

――日本の音楽は「間《ま》」が大切っていうけど、昼寝と関係ないよね？

前に話したシューマンの《パピヨン》みたいな「マイナスの音楽」と似ているところがあって、ヨーロッパでは芸術一般で、音楽なら音が「ある」ことが「ない」状態よりも強いのに対し、日本では、たとえば書（カリグラフィー）はどうか。大きな白い紙に墨汁《ぼくじゅう》で一本の線を引いて、最後にシャッとはねる。そのあとの白い部分が大事なんですね。

《ピアノのためのカリグラフィー》という曲を書いた佐藤慶次郎（一九二七―二〇〇九）という前衛作曲家がいました。戦後の現代音楽の名作の一つで、音が鳴ってから次の音が鳴るまでの空白がとても大事なんです。日本人ならではの感覚ですね。ぼくがそのことを実感したのは、初めて尺八の曲を書いたときでした。尺八というのはムラ息とか風息とかいうのですが、息を強く吹き込んで音を出し、その音が切れると、切れた後の無音の状態が高いテンションで残っている。それがものすごく緊張した状態なので、次の音をどこで書いていいかわからない。ピアノ曲であれば、タンタン、そして次に（一拍おくなりして）タンタン、とまた書けばいいけれど……。あまりにも「間」のテンションが強くて、次の音が発せられない。

——何もない、が、何もない、ではない。

何もないところに、ものすごい力がみなぎっている。絵でも、日本は空白を生かしたものが多い。理屈はたぶん世阿弥の『花伝書』あたりを読まないとわからないでしょうねえ。

——「無」に深い境地がある!?

それが、掘り下げたものならではの「道」ですよ。

●形式さまざま

――交響曲、協奏曲、ソナタ、ロンド……いろいろと区別されているのはどうして？

音楽が時間芸術である以上は、時間を区切った形式をとらざるを得ないところがあります。たとえば形式のなかには必ず「再現部」というのがあります。

――言葉自体が難しい。

前に聴こえたメロディがまた再び現れる、ということです。そこで、聴いている人の心が和むんです。既視感《きしかん》ならぬ〝既聴感《きちょうかん》〟があるから、知っているメロディが出てくれば安心するわけです。そういう構造をとることによって、テンションの高低をつくる。緊張感の高い部分、緩《ゆる》い部分、それが鎖《くさり》のようにつながっているのが音楽です。とすれば、どこで緊張の高い部分をつくるか、どこで緩む部分をつくるか、それを取り決める必要がある、それが形式です。

――ずっと同じじゃ、退屈だしね。

「ソナタ形式」でいいますと、まず、第一と第二のたいてい二つのテーマが「提示」されて(「**提示部**」)。最初は二つのテーマが対立している。次に「**展開部**」でそれらがかき回され、やがて「**再現部**」になると同じ調で再び出てくる――という構造です。最初にメロディが出る「提示部」は、初めて聴くのだからテンションが高い。その後「展開部」では、今まで出てきたものが絡《から》まったり、意外なところに行ったり、予想外の動き方をすることによってテンションがさらに高まる。それがしばらく続いたところに、はじめのメロディがもう一回出てくる、「再現部」ですね。するとテンションが下がる、というか、聴いていて安心する。こういう流れは、ある意味でヨーロッパの哲学的命題《めいだい》みたいなものかもしれません。

――理に適《かな》っている感じ? 日本芸能の「序破急《じょはきゅう》」みたいな。

そうかもしれません。それなしに、でたらめにやっていると時間芸術は構成できません。

形式という言葉を使うと堅苦《かたくる》しく感じますが、誰が聴いてもわかることです。ふつうの歌でも、一番、二番、三番と同じメロディが繰り返されるのが音楽の安心できるところで、もしそれぞれまったく違うメロディだったら覚えられないでしょう。

――聴いたことないけど、もしかしてめちゃめちゃ面白いかも。

次々違うものが出てきたら、歌えませんよ（笑）。だから時間を構成していくものである以上、形が必要ということです。説明すれば難しくても、ある意味で自然発生的なものでしょう。

――じゃあギチギチ覚えなくてもいいね、プロになるなら別だけど。

例外もあります。**ラヴェル**（一八七五―一九三七）の《ボレロ》は同じメロディがえんえん繰り返されながら、楽器が替《か》わっていく。同じリズム、二種類しかないメロディをABABと交代して演奏しながら楽器、つまり音色《おんしょく》が変わり、強さが変化していく。「何が変化していくか」という点でまったく新しい要素を持ち込んだわけです。

シェーンベルクは「音色旋律」ということを考えました。メロディの変化は、高さとリズムが変わることですね。「ソミド」も「ソー、ミ、ド」とリズムが変わればメロディも変わる。それを、「フー、ハー、ホー」を「へー、ハー、ヒー」と音色を変えるだけで、高さも長さも同じ。つまり音色が変わることによって聴いている人に何かを感じさせた。《ボレロ》もそれと同じようなものです。単純なメロディが、ピアニシモで始まってフォルティシモまで一直線で進む、ただし音色と強さが変わっていく。

——《ボレロ》は実験的なものだったの？

そのつもりはなかったでしょうが、まったく斬新なものを書いたことになります。初めて聴いた人はびっくりしたでしょうね。ぼくの師匠、池内友次郎《いけのうちともじろう》さんがパリで初演を聴いたみたいです。そのあと友だちと「なんだ、これは……。こんな音楽があるのか」と話したそうです。

——お、名曲の辿《たど》る道！

●スコアを読む楽しさ

ただ、形式にしてもそうですが、音楽用語や規則にはあいまいなものが多いんです。はっきりとした境界線や臨界点《りんかい》、数字の区切りはありません。タイトルも、作曲家が「交響曲」と名づければ「交響曲」になる。それも四つの楽章があったり、一楽章しかなかったり、いろいろです。「序曲」はオペラやバレエがこれから始まるという最初に演奏されるもののはずが、単独の「序曲」も少なくない。作曲家が「序曲」とつけたから。

――ものすごくアバウト！　それでいいんですか。

いいんです。「交響詩」という言い方は**リスト**（一八一一―八六）が始めました。同世代ですが、ほんの少し前に**メンデルスゾーン**（一八〇九―四七）は、オペラやバレエの始まりでもなんでもない《フィンガルの洞窟》に「序曲」とつけました。リストがつくれば「交響詩」としたでしょうね。リスト以降の人は「交響詩」をたくさん書いています。

――そんな……ちょっと拍子抜け。

「ソナタ」も本来は形式の名称ですが、曲名に「ソナタ」とつけるのは作曲家の自由です。モーツァルトやベートーヴェンの時代になると、ソナタ形式を含む四楽章ぐらいある曲を「ソナタ」と総称《そうしょう》するようになりました。一方で、一楽章しかない「ソナタ」とか、「ソナタ形式」でない「ソナタ」とかもあります。

――そこまでいく⁉

あいまいさの権化《ごんげ》です。簡単にいえば、タイトルなんてどうでもいいんです（笑）。

――でも譜面はいい加減じゃ困るでしょ。

合奏するすべての音部を上下に配列したものを「スコア」といいます。オーケストラの一人ひとりが何をしているのか鳥瞰《ちょうかん》できる「総譜《そうふ》」のことです。

――たくさんの音符が縦にも横にもずらーっと並んでいて、わけわかんない。

スコアを読むのは楽しいですよ。単に音楽を聴くことから、一歩深い地点に踏み込む面白さ、というかな。もし音楽を聴きながらスコアをめくって気持ちよさそうに手を振っている人がいたとしたら、それは自分が指揮者になったつもりでしょう。楽しくないはずない。ぼくも高校生のころ、夜ベッドに入ると仰向《あおむ》けに寝て大好きな曲のスコアを広げていると、眺めるうちに頭のなかで音が鳴り始めました。ほとんどその曲を聴いているような

オーケストラのスコア（総譜）

リムスキー＝コルサコフ《スペイン奇想曲》より

状態。よく知っている曲なので、音符を見るうちに脳内のどこかが刺激され、聴いたことを思い出すからでしょう。朝目覚めるとスコアが顔を覆《おお》っていることもありました（笑）。

――ふーん、まだ半信半疑。

スコアはすべての楽器が何をしているかを鳥瞰《ちょうかん》できる点で、地図に似ているような気もします。じっと見ていると、作曲家が仕組んだカラクリに迫ることもできるんです。

――どんなふうに？

いっぱいあります。シューマンの話で触れた「へミオラ」というのは、三拍子だけれど二拍子に聴こえる、といったものですが、中学生のころから好きなシューマンの《交響曲第三番》は、出だしが二拍子だとずっと思っていたら、あるときスコアを見ると三拍子だったんですよ。びっくりしましたね。

――俳句《はいく》の切れ目が違っていた、みたいな？

そう。「弁慶《べんけい》がな、ギナタを持って（弁慶が長刀《なぎなた》を持って）」ですね。

――アハハ。スコアを見なければ一生、二拍子だと思っていたね。

そういうことがわかると、ものすごく楽しい。シューマンの《ピアノ協奏曲》の第三楽章も、やはり二拍子に聴こえていたのが、じつは三拍子でした。

――二拍子にも書くことができた？

書けないことはないけれど、まったく違った音楽になりますね。少なくともシューマンはそのつもりはなかったでしょう。そのような例はたくさんあって、**ドヴォルザーク**（一八四一―一九〇四）の《スラヴ舞曲作品四六―一》は、二拍子に聴こえますがじつは三拍子。民族音楽に多いですね。リズムの面白さは東ヨーロッパの音楽の特徴で、ロシア音楽の五拍子の話もしましたが、ハンガリーやルーマニアの音楽は五拍子や七拍子などが多い。それもスコアを見ればわかるし、知らずに聴くのと受ける印象がぜんぜん違います。

音の重なりも、スコアからわかります。いい音がするなあ、と思ったらフルートとクラリネットが一緒に吹いていたり。フルート一本でメロディを吹いているより、クラリネットがオクターブ下で同じメロディを一緒に吹いているほうが、響きがとても硬くなる。この硬い響きは何だろうな、とスコアを見て「なるほど」と。

さらに、聴いているだけではわからないのですが、**マーラー**（一八六〇―一九一一）の《交響曲第四番》第二楽章では、コンサート・マスターが調弦の違うヴァイオリンに持ち替える箇所《かしょ》があったり、**リヒャルト・シュトラウス**（一八六四―一九四九）の歌劇《エレクトラ》なら、ヴィオラ奏者がヴァイオリンに持ち替える部分があることも、スコアで気づきます。

――それは作曲にも生かせる？

もちろん。新しい組み合わせを発見していく面白さは、そういうところから生まれてきます。「知る」ことから「つくる」ことに転化《てんか》できるわけです。

――スコアが読めればさぞ面白かろう、ということは想像できました。

楽譜が読めるかどうかと、音楽が楽しめるかどうかはまったく関係ない

もちろん最初からスコアは難しいので、もし譜面に興味があれば簡単なところから入っていくといいでしょう、読めればさまざまな楽しみがありますから。分野が違う人は、何であれとっつきにくいものです。ぼくは高校生のころ、速記《そっき》をやってみたくて、『アッという間にできる速記術』という本を買って勉強したのですが、何度「アッ」と言ってみても、できるようにならなかった（笑）。面白そうだと思えば、とりあえずやってみればいいんです。

――もしかしたら、楽譜マニアの血が目覚めるかも（笑）。

ただ繰り返しますが、楽譜が読めるかどうかと、音楽が楽しめるかどうかは、まったく関係ありません。読めれば楽しいこともできてくる、というだけで、読めなくても十分楽しめますから安心してください。理論を網羅《もうら》して知識の宝庫《ほうこ》になるより、「生きもの」である音のいきいきとした動きを感性で楽しむことのほうが大切です。

――音楽の専門家になったことで、失ったものってある？

その瞬間は今でも覚えていますが、大学一年生のころ、高校時代から好きだったリヒャルト・シュトラウスの《ティル・オイレンシュピーゲルの愉快《ゆかい》ないたずら》を上野の東京文化会館で聴きました。そのとき、聴きながら分析していたんです。ここで主題がこう変化した、とか。ハッと気がついて「いやだなあ、この聴き方は」と思いました（笑）。昔はただ大好きでしょっちゅうレコードを聴いていたのに、今は分析しながら聴いている……。一階の後方の席だった、と具体的に覚えているぐらいです。勉強しちゃった以上、これからぼくは音楽をこういうふうに聴くようになるのか……と。

――知らないころには戻れないもんね。

でもそれから半世紀以上たてば別にそれはそれでよくて、音楽を楽しまないということはないです。

繰り返しになりますが、楽譜だけでは音楽作品でもなんでもありません。音楽作品は空中にあって、音波として飛んでいて、それをきちんと具現化《ぐげん》してくれないと存在しないことになる、実体があるようでないのが音楽です。

次章では歌ったり演奏したり、音楽を「する」ことについて考えてみましょう。

第3章

音楽するたのしみ

1 歌うと幸せになれる？

●合唱にハマる理由
——合唱を始めると、ハマってしまう人が多い。何がそんなに面白いんだろう？

輪唱《カノン》ってあるでしょう。「静かな湖畔《こはん》の森の影から」と歌うと、別の人が少し遅れて「静かな湖畔の森の影から」と追っかける。子どもが喜んでやるじゃないですか、あれはなぜ面白いかというと、人と違うことをやって合わせるからです。人間というのは何によらず、各々《おのおの》が何かの役割をもって、オーバーにいえば対峙《たいじ》する、あるいは違うことをしながら合わせることが、好きなのだと思います。アイヌの民謡はたいていカノンです。合唱も、違うパートを歌いながら一つに合わせる。このアンサンブルの楽しさは演劇と同じです。

――声を出す気持ちよさもあるかも。

あらゆる生物は声を、虫なら羽音《はおと》を出しますが、それを自在に自分で操《あやつ》れるのは人間だけ。その能力を駆使《くし》して、しかも別の人と合わせられる、楽しくないわけないです。ぼくは高校生のころにカンツォーネに熱中した時期がありました。イタリア語は発音がかっこよくて、音のテンションが高まったときにいい言葉が出てくる。音と歌詞のテンションが合うんです。声に出して歌うととても気持ちがいい。歌謡曲《かようきょく》もそうですね。

――先生は、校歌や市歌などもたくさんつくっているとか。

日本には「ほくと市」が二つあって、北海道の北斗市と、山梨の北杜市、ともにぼくが市歌を作曲しました。会社に社歌、学校に校歌、だったらそれぞれの家族にも「我が家の歌」があっていいかもしれませんね。自分たちの歌をもつ、それを自分たちで歌う、というのは素敵なことだと思います。

――『サザエさん』みたい！

●メッセージを伝える力

もう一つ、合唱では皆が一緒に歌いながら、心のなかでは手をつないでいる、肩を組んでいるような気持ちになる。ですから外に向けて何かを伝える場合、そのことがメッセージをより強くして、聴く人に訴えかけるんです。

一九九五年一月の阪神《はんしん》淡路《あわじ》大震災《だいしんさい》のあと、「阪神大震災鎮魂組曲《1995年1月17日》混声合唱のために」をつくりました。地震が起きたところから始まり、やってきたボランティアの活動、子どもたちがガリ版刷りでつくった新聞、地震で幼い男の子をなくした母親の嘆《なげ》き……最後は未来に向かって歌う、という八楽章（激震、慟哭《どうこく》、生還《せいかん》、手紙、ボランティアがやってきた、南っ子新聞、私の息子、わが街よ永遠に。全音刊）です。地震の前に神戸市役所センター合唱団から依頼があり、歌詞を書く作家の森村誠一さんが、もともとは戦前日本の検閲や発禁処分などの問題を題材にしようと考えていました。秘密保護法の問題はまだなかったけれども、なんとなく危うい兆《きざ》しを感じていたんだと思う。そんなときに震災が起こって、テーマを変更しようと電話をもらったことを覚えています。震災後、合唱団は淡路島《あわじしま》も含む県内の百カ所ぐらいで歌い、被災者《ひさいしゃ》を非常に勇気づけたようです。

合唱には人を勇気づけたり
何かを主張する力がある

――百回となると、歌う人の思いも高まるね。

地震で合唱団の練習場も壊《こわ》れたので、たいへんな思いをして活動を続けていました。合唱は言葉を使いますから、メッセージがより具体的に伝わります。人を勇気づけたり、何かを主張したり、そういう力がすごくありますね。

2 楽器を奏でるってどんなこと？

●楽器のいろいろ

――楽器って、いったい幾つあるの？

数え切れません。石コロだって草だって楽器になり得ますから。とはいえ、ふつうに楽器とされているものを整理してみましょうか。

木管楽器＝フルート、オーボエ、クラリネット、ファゴットなど。サキソフォンも。木でつくられているとは限りません。サキソフォンは金属だし、元来は木だったフルートも、現代ではふつう金属製です。ようするに、一本の筒《つつ》に穴をあけることで、吹き込んだ息がつくる空気の柱の長さを変える仕組みの楽器です。

金管楽器＝トランペット、ホルン、トロンボーン、チューバなど。金属製の管を巻き、そこに息を吹き込むのだけど、ピストンやスライドなどの装置で、空気が流れる距離を変える仕組みの楽器です。

打楽器はわかりますね。叩くもの、こするもの、ほか何でも。オーケストラの打楽器奏者は、ときには運動会のように走りまわっていろいろな楽器を扱います。

弦楽器もわかりますね。ヴァイオリン、ヴィオラ、チェロは「ヴァイオリン属」という一つの、いわば家族です。コントラバスは、じつはヴァイオリン属より古い「ヴィオール属」という家族の一員です。オーケストラでは第一ヴァイオリン、第二ヴァイオリン、ヴィオラ、チェロが、合唱のソプラノ、アルト、テノール、バスのように「四声」をつくり、コントラバスはそのバス・パートを補強する役目です（前に少しお話ししました）。

オーケストラは、ほかに「**編入楽器**」（あとで少しお話しします）といって、ピアノやハープが加わることがあります。ピアノの前身であるチェンバロ（ハープシコード）や鉄琴《てっきん》をピアノ状のケースにおさめて鍵盤で弾く感じのチェレスタ、あるいはオルガン（ときにはパイプオルガン）が加わることも。

ほかに、ギター、マンドリン、ハーモニカやリコーダー、箏《こと》や三味線《しゃみせん》、尺八《しゃくはち》のような邦楽の楽器、笙《しょう》やヒチリキ（篳篥）のような雅楽《ががく》の楽器、世界各地の民族楽器……楽器はほんとうに、無限です。

●人と楽器の相性

――先生は中学生になってクラリネットを始めたんだよね。

吹奏楽部に入ると、先生が歯や唇《くちびる》の形に合う楽器を勧めたりします。この歯の形ならフルートがいい、とか。ぼくがクラリネットになったのも先生の指導だったんじゃないかな。クラリネットは、人間でいうともっとも常識的で、血液型でいえばA型、何の楽器ともうまく合う。プロの演奏家でも、クラリネット奏者はたいてい、もっとも良識家です（笑）。

飼い犬は飼い主に似るといいますが、演奏者は逆に楽器に似ますね。たとえばオーボエの人は神経質。オーケストラ全体のピッチを決める役割で、音合わせのときに最初に音を出すのはオーボエです。だから何ヘルツとか、ちょっとした音の高低の違いに敏感なんです。少しでも高ければ、「高いよ」と言ったり。周りの人の音にイラつくこともある。なんとなく人づきあいもよくなかったりして（笑）。

――うわ、いいところもあると思うけど。

トランペットは、酔《よ》っぱらっていないのに酔っぱらっているような雰囲気の人が多いし、チューバになると、だいたいチューバみたいな体型の人がやってます（笑）。

――ほんとかなあ。これから楽器を始めたいと思ったら、何を基準に決めたらいい？

性格や体型もあるかもしれませんが（笑）、自分の好きな音色の楽器にすればいいんじゃないでしょうか。歯の形でフルートを勧められても、クラリネットがやりたければそれでいいし、他の楽器ができないことはないです。好きな曲のあの部分を演奏してみたいから、という動機で始める人もけっこういますよ。

――プロを目指す人が、途中で楽器を変えることもあるの?

ありますね。弦の人はたいてい最初はヴァイオリンから入りますが、途中でチェロに行ったり、ヴィオラに行ったり。

――小柄《こがら》な女の人が大きな楽器を弾いているのを見て、なぜ選んだのか不思議に思うこともあるけど。最初はしぶしぶでも、やってみると好きになったり、合っていたりするかもね。

●〝不自由な楽器〟の魅力

ぼくはハープが好きなのですが、不自由な楽器だからなんです。ピアノなら半音がありますが、わかりやすくいえばハープは白鍵《はっけん》しかない。下にあるペダルを踏んで音を調節するのですが、足は二本しかないのにペダルは七本。それも各々三段階(フラット、ナチュラル、シャープ)あるんです。「ド」のペダルをいちばん下にセットすると、高い「ド」も低

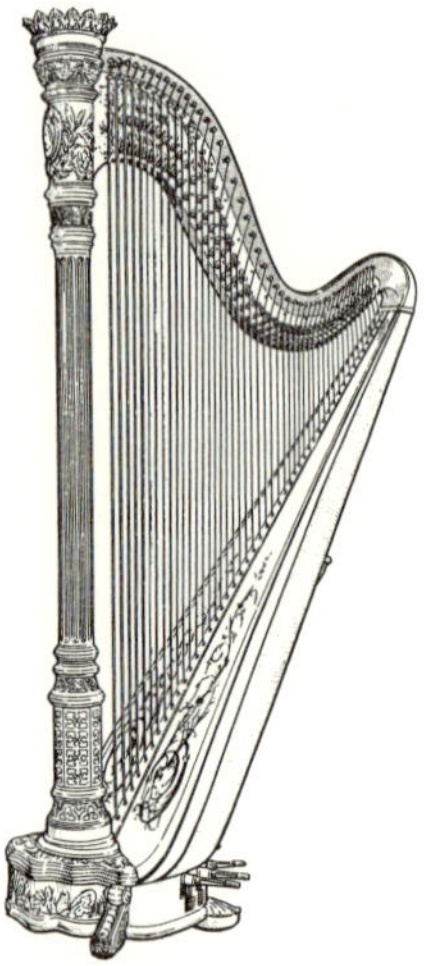

ハープは“不自由”な楽器だからこそ面白い。

い「ド」も、つまりどの「ド」もすべてシャープになる。同じようにいちばん上にセットすると、どの「ド」もフラットになる。そうやって一音ずつ変える。すると、何ができるかというと、たとえば和音の形のまま動いていける、これはピアノではできないことです。不自由だからこそ、ピアノにはできない特殊なことができる、それがハープの面白さです。

――ははー、一長一短?

ハープの場合は顕著《けんちょ》ですが、楽器というのは多かれ少なかれそういうものです。それぞれ音域《おんいき》というものがあって、これ以上は出せない、これ以下は出せない、という制約がある。そこが面白いんです。

台湾の北端にある金山《きんざん》でアジア作曲家会議に参加したときのことです。韓国やインド、イスラエルの人などと一緒に十一月末の寒々とした海を見ていた折に、ぼくが「いかにも

どんな楽器にも音域があり
それぞれのキャラクターをもつ

北の風景だなあ」と口にすると、インドの人が「でもここは沖縄より南だぞ」と言った。たしかにそうだ。でもちょっと待てよ、明らかにこの海は北の感じがする。このときぼくは、これは楽器の音域みたいなものだと思った。たとえばピッコロのいちばん低い音は「レ」ですが、これは他の楽器でいうとかなり高い。でもピッコロが吹けば「いちばん下」という感じがする。ヴァイオリンのいちばん低い音は「ソ」で、いかにも低い感じの音がする。でも同じ音をチェロで弾くと、上下にゆとりのある中音域の豊かな音がするわけです。ということは、台湾の北端にある金山は、一つのテリトリーの端《はし》っことしての「端の貫禄《かんろく》」を身につけている。「最北《さいほく》」という雰囲気を持ち合わせているんです。

――「俺《おれ》は北だ」というオーラがある。

そう、風景にまるで人格が備わっている。北海道なら、宗谷岬《そうやみさき》は北極よりは南でも、いかにも北の貫禄がある。つまりそういうふうに、どんな楽器にも音域があり、それぞれの楽器が確かな一つのキャラクターをもつ、だからいいんです。

――横並びで比べるのとは違う、それぞれ持ち場がある魅力かな。

あるとき、学生がコンピュータで作曲した曲をもってきました。楽譜はふつうのオーケストラ用のスコアで、オーボエのパートにオーボエでは出ない音が書いてあった。「この音はオーボエでは出ないよ」と言うと、「でもコンピュータがこの音を指示した」との答え。でもナマの楽器ではその音は出せません。出ないところが面白いのに。

今、シンセサイザーやパソコンで音をつくれば、どんな楽器でもそっくりな音を出せます。でも音域の端、という感じは出ない。それが実際の楽器だと、極限の音の雰囲気が感じ取れるんですよ。《春の祭典》で、ファゴットがぎりぎりの高い音で吹く、非常に難しい部分（冒頭）があります。まさに限界のところで吹いていて、聴くと何か異様な感じが伝わってくる。あれをオーボエで吹くと、なんでもないんです。

――なんでもなく吹かれちゃ困る。

コンピュータでやってしまうと、その雰囲気が出なくてつまらない。どんな楽器も音域があり、不便さがあってこそ、電子音にはない「ぎりぎりの顔」「端っこの貫禄」が味わえる。それが楽器の面白さの一つです。

――ところで先生はハープが弾けるんですよね。

弾けませんよ。

――えっ、弾けなくてそんなことがわかって、曲も書けるの……。

●「自分の音」を変える楽器

――演奏家が運命の（？）楽器と出会うことで、音が劇的に変化することってある？

もちろんあります。楽器も生きものみたいなものですよ。生涯でこれと思える楽器に出会って手放せなくなるということは、いちばん心が通い合う、気持ちが通じる恋人か友だちに会ったような思いなんでしょうね。

――ヴァイオリンならいいけど、ピアノは持ち歩けない（笑）。

楽器との相性というのは、ピアニストは非常に気にします。二〇一二年、新潟県の柏崎《かしわざき》にいいホール（柏崎市文化会館アルフォーレ）ができたんです。世界最高のピアニストの一人、クリスティアン・ツィメルマン（一九五六―）がそこでコンサートをしてたいへん気に入り、ここで録音をすると言って、四年後にわざわざポーランドから柏崎に来てCD一枚分を録音して帰りました。ホールの音響《おんきょう》がすごく気に入ったんですね。

――楽器との出会いで、演奏家に「自分の音」みたいなものが生まれる？

そういうことはありますすね。タッチやペダルの具合とかで、音はそれぞれ違ってきます。ピアノの前身であるハープシコード（チェンバロ）は、弾き方で音の強弱を変えられなかったんです。ピアノという楽器により、強い弱いが弾き方で変えられるようになった。指を置いておいて弾くか、上から叩くように弾くか、捩《ね》じるように弾くか、など弾き方で音が変わっていきます。当然、その人の手つきや指使いや手首の強さ、腕の強さで音が違ってきますから、どのメーカーのピアノを弾こうが、やはりその人の音があるわけです。

――もしかして、音だけで誰が弾いているかわかる？

ある程度はわかりますね。

――楽器は声みたいなものなんだ。

●コンクールは必要か？

――個人の演奏家の場合、どうしても競争の面は出てくるよね。世界でいろいろなコンクールがあって苛酷《かこく》にも見えるんだけど、コンクールって必要なの？

ぼくはあっていいと思います。順位がどうこうというのでなく、ある目標に向かって準備をする。技術的なこと、精神的なこと、健康面、いろんなものを万全にして、最高の状態をいちばん大事なポイントにもってくる。音楽の場合、演奏会はもっとも大事なもの。スポーツなら、サニブラウン君がオリンピックで一〇〇メートルを九秒台で走るかどうか、いかに練習で記録を出していても、大事な場面で出せなきゃどうしようもない。やり直しができない、その瞬間にどれだけできるか。スポーツと演奏はよく似ています、訓練と経験が必要であって、そのためにコンクールは最高の場だと思います。

――コンクール＝競争、と考えるだけでは不十分なんだ。

結果がどうであるかということより、自分の演奏という行為に対する最高の準備の場としてとらえれば、コンクールに勝るものはありませんよね。

――審査員は、何をみるの？

作曲に限らず、自分の表現を他人が評価しなくては、われわれの世界はどうしようもない。音楽を含め芸術というのはすべて、発想があり、創作があり、作品があり、最終的には伝達というプロセスがあります。伝達がない芸術は芸術じゃないですよね。

こういう話があります。かつて山奥にたいへん素晴らしい画家が住んでいたそうだ。しかしある日、山崩《くず》れが起こり、画家はもちろん、アトリエも作品もすべて土の中に埋《う》もれてしまったそうだ――この場合、この人を芸術家と呼ぶだろうか？　これはある哲学の設

その瞬間にどれだけ力が出せるか。
スポーツと演奏はよく似ている

問ですが、答えは「芸術家ではない」。なぜかといえば、伝達されなかったからです。すべて「〜だそうだ」でしかないまま跡形《あとかた》もなくなったのですから。

また、中島敦《あつし》に『名人伝』という小説があります。弓の名人になろうとした紀昌《きしょう》という男が、達人のもとで修業して師からこれ以上学ぶものがないほど上達した。次に入門した隠者《いんじゃ》は、見えざる矢を無形の弓につがえて放つと、鳶《とび》が羽ばたきもせず中空から落ちてきた。武道の深淵《しんえん》を身につけた紀昌が故郷に戻ってきたときには、弓の道具を見てもなんだかわからなくなっていた。その話が広まると、村では楽器を弾く人はその弦《げん》を切り、書の名人は筆を隠《かく》したという——道具が要《い》らなくなってしまった。それでも紀昌の家の上を鳥が飛ぶと、なんともいえない殺気《さっき》におそわれて落ちてしまう。泥棒《どろぼう》が塀《へい》を登ると、塀から落ちてしまう。名人とはそういうものである——といった話です。

——気配《けはい》だけで名人でありつづけた？

『名人伝』はつくり話としても、技術がどんなに素晴らしかろうと、最終的に精神性が伴《ともな》わないとだめですよ、ということについての示唆《しさ》でしょうね。

――たとえば（テレビのドキュメンタリー番組で一気に脚光《きゃっこう》をあびた）フジ子・ヘミングさんのようなピアニストが、注目されないままずっと表に出てこなかったとしたら……。

芸術家じゃないかもしれませんね、一生誰《だれ》にも知られなかったら。でもフジ子・ヘミングさんを聴いていると、音楽に限りませんが、芸術にはその人の人生が関わってくるんだなあと感じます。人生が音に乗り移り、あるいは筆に、文字に乗り移ったときに享受《きょうじゅ》者にある示唆を与えることがある、そういう芸術のありかたもある。最高の技術、最高の美学でなくても、人生が見えることで感動を誘うということがわかります。

加藤旭《あさひ》くんという、二〇一六年に高校生で亡くなった作曲家がいます。彼が小学生のころに知人から紹介されて以来、自分で書いた曲を送ってくるようになりました。ちょうどぼくの子どものころみたいに、理論も知らずに好き勝手に書いていた。中学時代に脳腫瘍《のうしゅよう》になり、高校二年で亡くなったときには膨大な作品が残りました。その一つをぼくが補作・編曲して、全国から募集《ぼしゅう》して選ばれた歌詞を乗せ、厚生労働省の自殺予防キャンペーンのゲートキーパーソングになりました。

――才能があったんだ。

あったと思います。が、それこそ音楽コンクールの作曲部門で賞をとるといったものではない。ただ、自分の曲で人の役に立ちたいと言い、お母さんもそう願っていました。

――曲には彼の人生や思いが乗り移っている？

そう思います。旭くんの曲は第一級の現代音楽として今、発言力があるものではない。しかし人の心に訴えかけるものがある。それが音楽のもっている不思議なところですね。うまけりゃいいというものではない、最終的にはもっと大事なものがある。

一方、コンクールの審査をするということは、時代が変化してゆくなかで、つねに自身の理念がしっかりしているかを問われることです。二年ほど前、東京・世田谷区の芸術アワードの審査をしていて、受賞した作曲家の作品は、白い被《かぶ》り物とアオザイのような衣装をまとった人が、だまってふわーっと舞台を歩く、そこにトゥルルッ、カーン、と環境音というのか自然音というのか、いろいろと偶発《ぐうはつ》的な音が鳴っている……というものでした。彼女はひょっとしたら音楽教育を受けたわけでなく、美術や演劇を志していたかもしれません。

審査することで自分が試されている

——それは楽譜があるの？

文字で書いてありました。「歩く」「一人ずつばらばらな行動」「一斉《いっせい》に前を見る」とかね。映像を見て審査をしたとき、ぼくはあまり感心しなかった。ところが美術や文学関係など、他の審査員からものすごく支持を集めたのです。そのとき、ひょっとしたらぼくは、作曲というものはちゃんとピアノが弾けて楽譜がきちんと書けて、という古い概念で考えていたのかもしれない、これからの音楽はこういうことがあるのかもしれないと、最終的に学んでいる気分で他の審査員の支持に賛成しました。まさに審査することで自分が試されている。

——でも、心からいいと思わないとだめなんじゃないの？

だから、いいところを見つけようと思いました。なぜこれが優れていて、これだけの人が評価するのか、わかろうと努力する。

●仲間と奏でる音楽

――コンクールは個人のイメージがあるけれど、演奏や歌は、小説や絵みたいに一人でも、スポーツのようにチームを組んでも、両方できるね。

そうですが、ぼくは一人ではなくて、音楽をやっている仲間が大勢いる状況がすごく好きなんです。N響のOBやOGのオーケストラ（N響団友オーケストラ）の指揮をしていて、あちこちで演奏会がある。メンバーはよく知っている友だちばかりです。合唱も大勢が一緒だからいい。そういう音の出る現場が大好きなんです。

――仲間と音楽する喜び？

大学のころはジャズバンドで弾いていました。五線譜の書き方を教えてくれた大学生がよくジャズを弾いたので、幼いころから《テネシーワルツ》《ビギン・ザ・ビギン》など見様見真似《みようみまね》で連弾《れんだん》をしていたんです。その後もジャズは小学校、中学、高校とずっと好きで、大学生になると友だちが結成したジャズバンドにピアニストとして参加して、銀座のクラブで演奏したり、他の大学祭に呼ばれてダンスパーティーのときに弾いたりしていました。

――大学生で銀座のクラブ……。

そこで事件がありまして。銀座のクラブで弾いていたら、ラジオ東京（現ＴＢＳ）のアナウンサーが入ってきて「今からライヴ中継をします。途中でバンドの皆さん一人ずつにマイクを向けますから、ドラムは……、ピアノは……、と言ったらお名前を答えてください」と言うんです。やばいなあ、当時の東京藝大は、これがばれたら退学です。でもラジオだから適当に答えればいいやと思って、「ピアノは？」「タナカゴロウ」とかデタラメを答えた（笑）。それをアナウンサーが復唱する。その名をディレクターがメモしているらしい。すると、次の日も同じアナウンサーが来て昨日と同じ要領ですと言う、参ったなあ、覚えていない……。「ピアノは？」今度は「スズキハジメ」。向こうは黙っていましたが「違うじゃないか」という顔でした（笑）。

3　オーケストラってどんなもの?

●オーケストラの語源と魅力

これまでたびたび触れてきたオーケストラについて、改めてお話ししましょうか。

オーケストラという語は、今は「管弦楽」の意味ですが、原義は「平土間《ひらどま》」です。古代のギリシア劇はたいていステージにお城を示す囲いがあり、事件はお城の中で起こります。城壁の中から報告者が出てきて、今こういう事件があったと知らせると、まわりに集まっている市民たちが騒ぎ立てて劇が進行する、というパターンです。報告を聞いた市民たちは歌を歌うのですが、彼らを「コロス」といいました。合唱（コーラス）の語源です。そのコロスたちがいた城壁外の空間を平土間（オルケストゥール）といい、これがオーケストラの語源。今も欧米で劇場チケットを買うとき、一階席を「オーケストラ席」といいます。

――お相撲《すもう》の桟敷席《さじきせき》みたい。

そうですね。音楽にとって非常に重要な用語であるオーケストラやコーラスは、演劇から来た言葉なんです。でもオーケストラは、「管弦楽団」というより、実際は「管弦打楽団」ですよね。打楽器も入っていますから。

じつはぼくはジュニアオーケストラの経験があります。水戸から東京に引っ越して世田谷区立北沢中学に入学したとき、できたばかりでまだ数人しかいなかった吹奏《すいそう》楽部に入って、クラリネットを始めました。

そのうち世田谷区が臨時につくった中学生のジュニアオーケストラに入り、東京都の催しがあって日比谷《ひびや》公会堂で演奏をしたのが面白かった。味をしめて、高校ではオーケストラをやりたいと思ったんです。でも入学した都立新宿高校にはそういう部活がなかったので、新聞社が全国的に展開していたジュニアオーケストラの東京本部教室に入り、品川駅の近くまで毎日曜日、練習に通いました。四月から秋ぐらいまでは在団して本番も何度か経験しましたが、まわりはプロを目指しているような人ばかりでレベルが高い。そんな折、ロッシーニのオペラの序曲《泥棒《どろぼう》かささぎ》を演奏することになり、そのなかにクラリネットの難しい部分があって、とても好きな曲だったのに、どうしても吹けなかった。それで「やめちまえ」と退団し、「鶏口牛後《けいこうぎゅうご》」（「鶏口となるも牛後となるなかれ」『史記《しき》』蘇秦伝《そしんでん》）と紙に書いて自分の部屋に貼りました。うまい人たちばかりのなかで小さくなっているより、高校にオーケストラ部をつくり、お山の大将になってやれと思ったわけです。

そして高校の廊下に「オーケストラ部をつくろう」と手づくりのポスターを貼って呼びかけました。ぼくはもちろんクラリネットを吹くつもりで。応募してきたのは、トランペットが六、七人、クラリネットも四、五人。ヴァイオリンも来ましたが、ヴィオラはなし。チェロは一人ぐらい。そこに、なぜかウクレレが五、六人、さらにギターもやって来た。どちらもオーケストラにはいらないのですが、せっかくだからと、ぼくはクラリネットを諦《あきら》め、ハイドンやモーツァルトの曲をウクレレやギター入りに編曲して指揮をすることになったのです。クラブとしてはまだ認められず「管弦楽愛好会」でしたが、まずはお山の大将、「鶏口」になりました。

二年生になると自作曲も演奏し、三年生になると「同好会」に、やがて「クラブ」に昇格《しょうかく》し、今やＳＰＯ（新宿高校管弦楽部）は都立高校でもっとも有名なオーケストラの一つになりました。定期演奏会もあり、創立何十周年かでＯＢ五百人が世田谷区民会館に集まり、ぼくの指揮でラヴェルの《ボレロ》を演奏しました。コンサート・マスターはＮ響の現役、隣も別のオケの奏者でしたから、プロになった人がけっこういるし、ＯＢもいくつかオーケストラをつくっていて、枝葉《えだは》が広がっています。

――ジュニアオーケストラの先駆者《せんくしゃ》なんだ。日本でいちばん古いオーケストラはN響？

いや、東京フィルハーモニーや東京交響楽団のほうが古いという説もあって、よくわからない。デパートで演奏していたバンドが現在のオーケストラにつながったというところもあります。

――デパートにバンドが……。

髙島屋や松坂屋に宣伝バンドみたいな音楽隊があったんでしょう。それがのちのプロの交響楽団になったという説がある。ただしクラシック音楽を演奏するオーケストラとして組織されたのは間違いなくN響が最初で、先にも触れた山田耕筰と近衛秀麿がつくりました。

●編成で変わる音

——オーケストラは、人数が決まってるの？

オーケストラの標準的な編成は、第一ヴァイオリンが十六人の場合、第二ヴァイオリン十四人、ヴィオラが十二人、チェロ十人、コントラバス八人——とだいたい決まっていて、これを「16型」といいます。マーラーの大編成の曲をやるときなど、臨時に少し増えたりすることはありますが。この組み合わせがいちばんバランスのよい音が出るということですね。でも、たとえばぼくがよく仕事をするオーケストラ・アンサンブル金沢は室内オーケストラ（小型）で、「8型」といって第一ヴァイオリン八人、第二ヴァイオリン六人、ヴィオラ四人、チェロが二人ではさすがに少ないので例外的に三人、コントラバスは二人といった具合です。大曲をやるにしても、「16型」より大規模な「18型」「20型」などはめったにないですね。

——作曲をするときに、その編成を考えてつくるの？

ふつうは指定しません。曲を見てバランスを考え、指揮者が決めるんです。この楽譜であれば「16型」でいこう、これなら「14型」で、というふうに。

――すると、出られない奏者がでてくる。

そうですね。「降《お》り番」といい、「今度の定期公演は、私は降り番だ」と出番がないときに言ったりします。

――ベンチスタートですか。オーケストラにはピアノは入ってないよね？

もちろん入ってもいい、それは作曲家の自由ですが、ピアノやハープなどは「編入楽器」といいます。時々、曲によって編入させる楽器ということです。ピアニストはたいてい必要なときに呼んできますが、ハーピストは大きいオーケストラだと常駐《じょうちゅう》しているところが多いです。

――じゃあハーピストがオーケストラに入ろうと思えば、比較的狭き門？

そうですね、でもヴァイオリンなどと比べて、そもそもハープをやっている人は少ないですから。音楽学校ではどこでもハープ科は一学年に一人か二人ぐらいでしょう。ただオーケストラに入るのは、何の楽器でも難しいですよ。オーディションでは、よくカーテンの向こうで演奏させるんです。顔を見えないようにして採点し、そこで選ばれたとしても半年は試用期間、それから正式に採用されるかどうか決まる、などと。

――へえ、倍率は高い？

そうですね。どこでもそうだと思いますが、オーケストラ・アンサンブル金沢でも三年ほど前にホルンに一人欠員が出て、何回もオーディションをしているのですが未だに決まらず、演奏会のたびに誰かをエキストラで入れています。

――人数よりレベルが優先なんだ。〝オケ浪人《ろうにん》〟は修行かも。

●配置と組み合わせ

――オーケストラの配置も変わったりするみたいだけど、決めるのは指揮者？

そうです。昔はだいたい、第一ヴァイオリンと第二ヴァイオリンが指揮者の左側と右側で向かい合う「対向配置《たいこう》」でした。時代とともにオーケストラ全体が大きくなって人数も増え、全体の配置を考え直さなくてはいけなくなって出てきたのが、第一ヴァイオリンと第二ヴァイオリンが客席から向かって左側にかたまる「20世紀型配置」です。でも対向配置の面白さがあって、たとえばチャイコフスキーの「交響曲第六番《悲愴》」の最終楽章は、対向配置だとヴァイオリンの音が左右に揺《ゆ》らいで波打つように聴こえてくる。というのも、メロディの音を一つずつ第一ヴァイオリンと第二ヴァイオリンが交互に弾いているからです。聴く側には、音が左右に揺れ動いて伝わってくる。ドヴォルザークも同じようなことをしていて、この味わいは対向配置でないと得られません。

――作曲家が意図してそう指示した？

オーケストラの配置図

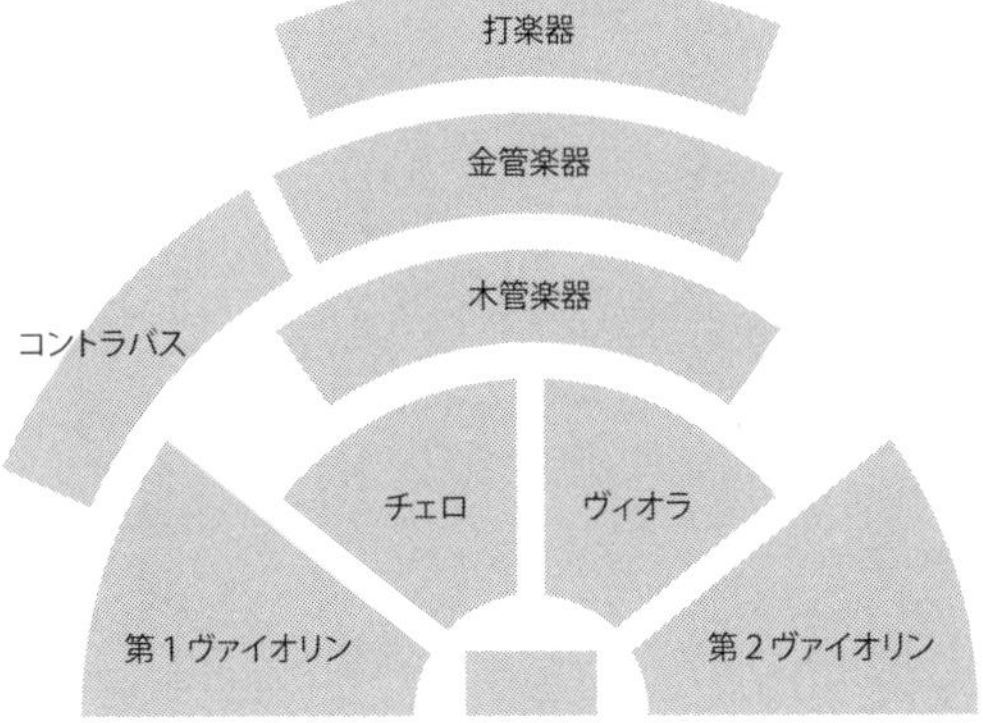

対向配置

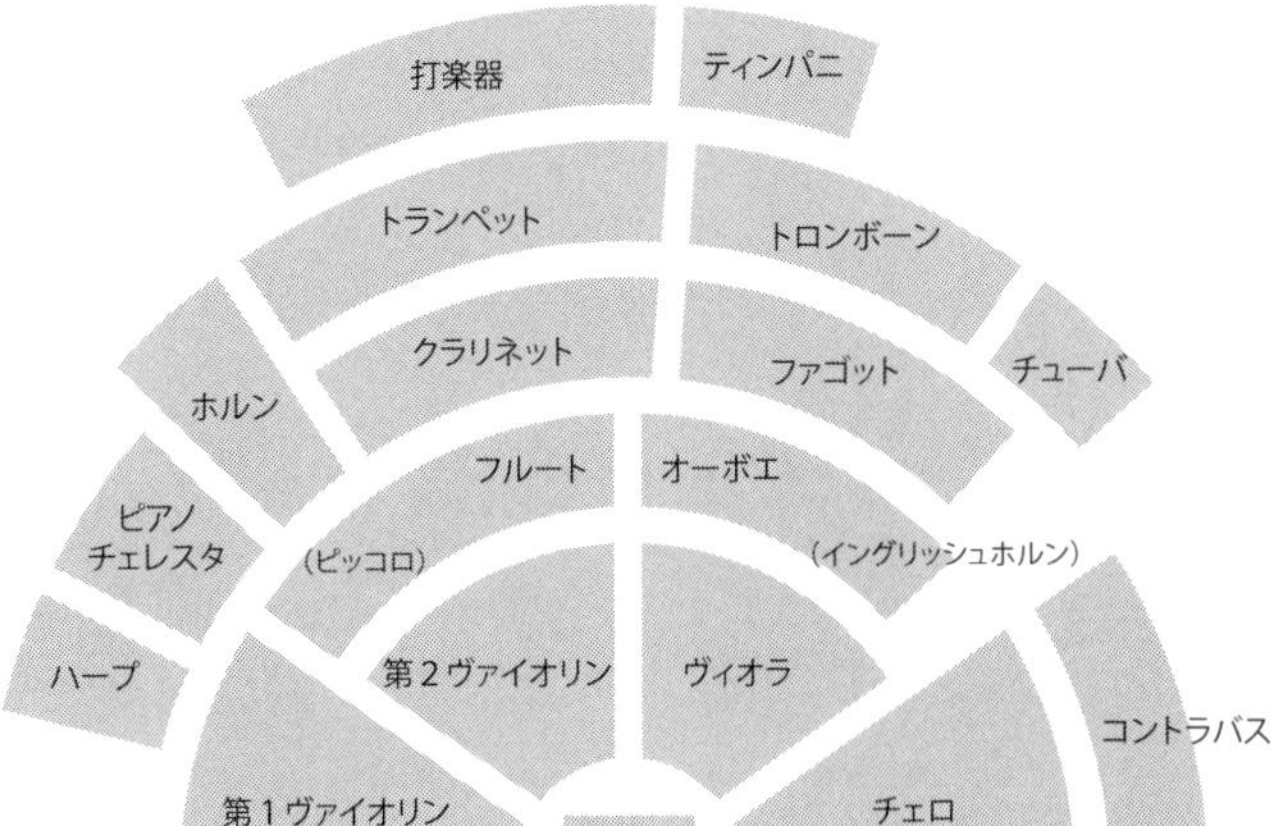

20世紀型配置

（池辺晋一郎著『オーケストラの読みかた』を参考に作成）

もちろんです。だからこの曲を演奏するときは対向配置でないとだめ。そういうことを指揮者はわかっていて、配置を決めます。

――それを知ると、見るのも聴くのも面白くなるね。

ナマでなく、ステレオ装置で聴いても左右の音の揺らぎは、はっきりわかりますからね。

――ところで「オケが鳴る」っていう表現をときどき聞くけど、どういう状態のこと？

オーケストレーション（あとで少しお話しします）次第で、楽器の組み合わせが悪いと、どんなに強く演奏しても響かなかったりするんです。よく響くのは、倍音が鳴る、ということです。倍音を響かせることができれば、もちろんホールの音響も関係してきますが、「オケが鳴る」感じになる。オケが鳴ると、伝わるものもずいぶん違ってきますから大事ですね。

――かっこいい言葉に思えたけど、物理的に説明できるんだ。

ルポ　せたがやジュニアオーケストラのとりくみ

七月のとある平日の夕方六時過ぎ。マンションが立ち並ぶ大通りの一画にある練習会場から調弦《ちょうげん》の音が響いてくる。

夏休みを前に、せたがやジュニアオーケストラ（ＳＪＯ）の小学生から高校生まで六十人前後のメンバーが、各々の楽器を手に譜面に向かっている。楽器や譜面台に埋もれてしまう小さな子も何人かいる。年嵩《としかさ》のお姉さんお兄さん、おじさんたちの姿もぱらぱら。楽器ごとにプロの演奏家が「講師」として見守っているのだ。ときに手を取り、あるいは自身が音を出して助言をすると、子どもたちは小さく頷《うなず》いて演奏をやり直す。初めての海外公演、台湾・高雄《たかお》での交流コンサートを十日後に控《ひか》え、眼差しは真剣だ。

指揮者の伊藤翔《いとうしょう》さんが姿を見せるや、時間を惜しむように全員で《次の時代のための前奏曲 Prelude for the Coming Era》（池辺晋一郎作曲、二〇一一年）の練習が始まった。指導は細かいが指揮者の手振り身振りは大きく、指示は明快、表情も語彙《ごい》も豊か。経験の浅い子どもたちにも、自分が何を望まれているのかがしっかり

指揮者や講師の懇切な指導を受け、それぞれの楽器に真剣な眼差しでとりくむ子どもたち（写真提供・下＝公益財団法人 せたがや文化財団、以下同）。

伝わっているようだ。

高雄でのコンサートで演奏するのは三曲。《次の時代のための前奏曲》のほか、「とおりゃんせ」などの日本民謡、拍子木《ひょうしぎ》や「ソレ！」という掛け声が組み合わさった外山雄三《とやまゆうぞう》作曲《管弦楽のためのラプソディ》、そしてドヴォルザーク《スラヴ舞曲》作品46－1。練習は夜九時ごろまで続く。

●はじまりはベネズエラ

ＳＪＯが発足したのは二〇一〇年春。世田谷区在住の池辺さんの提唱《ていしょう》による。モデルとなったのが、南米のベネズエラで一九七五年に始まり世界に広まった音楽教育「エル・システマ」。当時のベネズエラではストリートチルドレンが多く、麻薬《まやく》の密売《みつばい》や強盗《ごうとう》が横行《おうこう》していた。そこで国が率先《そっせん》して、音楽による社会改革を目指した。貧困に苦しむ子どもたちをオーケストラに参加させ、今では約二十九万人が二百以上を数える青少年オーケストラに所属し、参加者の麻薬汚染率もゼロになったという。

世田谷区では、文学や美術や演劇活動などが盛んに行なわれていたものの、音楽に関してはホールも目立った活動もなかった。「せめてソフトだけでも」とかねてエル・システマが念頭《ねんとう》にあった池辺さんの気持ちがうごいた。二〇〇七年から設立準備がスタート。発足すると区内での定期公演も始まり、今に至る。小学三年生から高校三年生の八十人余りが定期練習に参加して腕を磨き、京都への演奏旅行や群馬での合宿、高雄市のジュニアオーケストラを招くなどの活動を続けている。

二〇一〇年の第一回定期公演では、読売日本交響楽団正指揮者（当時）、下野《しもの》竜也《たつや》さんの指揮のもと、ドヴォルザーク《ユーモレスク》と《交響曲第九番「新世界より」》、ショパン《ピアノ協奏曲第一番三楽章》の三曲にチャレンジした。いずれも決して易しくはないという。そして、ショパンのピアノ独奏にはなんと世界的ピアニストのスタニスラフ・ブーニン氏が参加したのである。

本番前、ブーニンを加えて練習していた時のこと。ピアノを演奏しながらチェロの音が少し弱いと感じたブーニンは、並行してチェロのパートを弾きはじめた。それに気づいたチェロ奏者は「ガイドしてくれている。ブーニンさんが望むように弾かなくては」と思ったそうだ。オーケストラ全体のパートを完璧に頭に入れ、臨機応変《りんきおうへん》に弱いパートを足す――名演奏家の貴重な〝無言のおしえ〟であった。当日、九十三人の子どもたちは見事に完奏した。

●ほめて伸ばす

年齢の異なる子どもたちが、同じ空気を吸いながら一つの曲をよりよいものへと磨いてゆく。一人がとんでもないことをすればたちまちぶち壊《こわ》しというときもあれば、一人のミスをみんなでカバーできることもある。

休憩時間、チェロの男の子が仲間とはしゃいでいた。「以前から習っていたので団員募集を知って応募し、すぐに馴染《なじ》んだ」。毎日練習を欠かさない。演奏中の寡黙《かもく》な表情が一転、「みんなでやる雰囲気が楽しい」と笑顔が弾けるようだ。

高校一年のクラリネットの女の子。「小学生のときに吹奏楽部に入ってから、演奏が好きになった。クラリネットはカッコいいから始めた。皆で音がぴったり合ってうまく演奏できたとき、感動が何倍にもなるんです！」。いまは勉強が忙しくて練習を十分にできないと頰《ほお》をふくらませたが、勉強も嫌いではなさそうだ。

練習再開。《管弦楽のためのラプソディ》の途中で、フルートのソロパートがある。セーラー服の女の子が奏でるフルートのメロディが、しんと静まった室内に流れる。尺八にも似たハスキーな音色。別世界へと連れてゆかれるようだ。ソロ演奏のあいだは、他のメンバーは奏者を見ないという暗黙《あんもく》の了解《りょうかい》があるらしい。「あの子、うまいな」と池辺さんがつぶやいた。演奏が止むと団員をするりとかきわけて近寄り、ひと声かけた。女の子は張り詰めた表情をみるみる和らげ、はにかんでいる。「ほめてきたんだ」と池辺さん。演奏が再開すると、凜《りん》とした顔に戻った彼女は、いっそう堂々とソロパートをこなした。こうして一日一日を重ねながら、子どもたちが得てゆくものはそれぞれだろう。

すっかり暗くなり、会場をあとにする際、「まだ完成には遠いなあ、大丈夫かなあ」と池辺さんがぼそり。でも表情は穏やかなままで、「枕が変わって寝られない子がいるかもしれない、京都公演ですら夜泣きする子がいたからなあ」と案じつつ、「ものすごい大きな体験になりますよ。きっと一生の思い出に」。自分のことのように嬉しそうだ。

練習を積み上げた頂点の音は素晴らしかろうが、つくりあげていく苦しみと喜びはそれに劣らずなんと貴重だろう。皆で音を完成させていくオーケストラ、音楽をすることに与えられた喜怒哀楽《きどあいらく》、これればかりはやらねば味わえない。

●収穫だった台湾公演

翌月、台湾公演に同行して帰国した池辺さんが語った。

「素晴しかったですよ。高雄の青少年オーケストラとの交流のさまもよかったけれど、なにより台湾の子どもたちの、音楽に対する没入の仕方。演奏の迫力、勢い、音楽に向かうアプローチの仕方、なかでも〝集中度〟がまったく違う。指をもっと速く、こんなふうに動かしなさい、と言葉で説明できる指導だけでなく、

本番を前にした台湾公演のリハーサル風景。高まったタピオカ熱も一時中断。

自身の体と同じほどの大きさの楽器も、練習を重ねれば大切な友だち。

精神的な集中度のための特別な指導法があるのかもしれない。限られた時間内で先生の言うことをどれだけ理解し、整理し、体に伝えるか、そのノウハウがわかることで成長度はずいぶん変わってくる。外に出るとよくわかりますね。世田谷の子どもたちも、ものすごく刺激を受けたでしょう。

日本の講師たちが一様《いちよう》に感心したのが、いちばん後ろで打楽器を叩く小学三、四年ぐらいの女の子でした。《サウンド・オブ・ミュージック》のワルツ部分では、体を揺らせて横から大太鼓を叩き、トライアングルを鳴らす、それだけで音楽性がわかりました。すぐれた打楽器奏者は、オーケストラをバックで支えるのではなく、〝オーケストラを引っ張る〟と言われます。それくらい打楽器は重要なんです。彼女は小さい体で確かにオーケストラを牽引《けんいん》していました。あんなふうに全身で音楽を表現する子が一人いれば、音楽ってこういうものなんだ、と皆が了解するでしょう。

SJOの演奏？　多少心配していたけれど、見事にやってのけましたよ。子どもというのは、いざという時に急に成長してしまうのが不思議です。8までいっていれば、次は9に進むのではなく、本番になると突然10になったりする——じつは直前に体調を崩してしまい参加できなくなった子がいて、他パートも含めて楽譜を大至急で書き換えるアクシデントがありましたが、なんとか乗り切った。それもひっくるめて、ああ、こうやって成長していくんだな、ということが目で測れる旅でした。来年以降も交流は続きます。あの大太鼓の女の子はもちろん、両オーケストラの成長が楽しみです」

エル・システマにならって歩みを始めたSJOは、新たな「せたがやモデル」を生みだしてゆくのか。それはおいても、子どもたちの音楽をたのしむ心は次の世代に受け継がれ、地域を越えて広がってゆくのは確かに思われた。

●指揮者のいないオーケストラ

――室内合奏団とかで、指揮者のいない合奏団ってあるよね。

たくさんあります。イタリアのイ・ムジチ合奏団などは有名ですね。たいていはコンサート・マスターがアクションで指揮者の代わりを務めます。聴くときに、そのアクションを見るのも面白いでしょうね。最初に大きく息を吸うようにコンサート・マスターが上げ弓（アップボウ、腕を持ち上げる方向に動かす。逆は下げ弓＝ダウンボウ）の身振りをしないと、皆がそろって演奏を始められません。その際、指揮者がタクトを上げるのと同じ原理で弓を上げます。オーケストラではその第一振りがとても大事で、振りの速度で曲のテンポが決まるからです。世界共通の感覚で、ゆっくりの曲であれば、ゆるやかに棒を振り始める。

――合理性だね。大きなオーケストラの団員さんも、少人数で合奏団を組んだりする？

よくありますよ。オーケストラに入っている人はたいていたい室内楽もやりたいので、弦楽

指揮者の第一振りの速度で
曲のテンポが決まる

四重奏団をつくったりする。全然別のものですから。オーケストラだと弦楽器なら多いときは十六人いて、そのなかの一人として同じことをするわけですが、室内楽だと一人ひとりがソリストです。合唱も楽しいけれど、ダークダックスのように四人で四重唱をするのは別の楽しさでしょう。

――一人の役割が大きい！　そもそも「室内」ってどういう意味？

「屋内」と考えればいいでしょう。サロンですね。「室内楽」は王侯貴族のサロンで演奏された、というところから来ています。イタリア語で部屋を「カメラ」、同好の集まりを「カメラータ」といい、それが訳されたのです。もちろん大オーケストラも屋内でやるといえばそうですが、比較的狭い室内、日本でいえば応接間ぐらいの場所で演奏する、やや小規模な編成のものを「室内音楽」といいました。サロン・ミュージックですね。

――人数制限はないの？

今は四十人ぐらいのオーケストラも「室内オーケストラ」と呼んだりします。百人以上のオーケストラもあるので、相対的な言い方です。オーケストラなら四十人でも少人数ですが、ふつうの室内楽はたいてい二～四人、多くても八人ぐらいでしょう。

――そうか、音楽用語はアバウトだった。室内合奏団やオーケストラのコンクールもあるの？

あまり聞かないですね。アマチュアなら吹奏楽のコンクールという大規模なものがあります。高校野球みたいなもので、新聞社やテレビ局が主催して都道府県別に予選をし、中部・関東・東北・九州など地域別で二次予選、そして全国大会となる。合唱にも同様のコンクールがあります。吹奏楽や合唱の場合、個人の出来を競うというより仲間意識というか、それこそ甲子園《こうしえん》と同じように皆で肩を組んで、そのときしかできないチームで最高の力を出す体験や喜びが（順位より）大きいでしょう。

――オーケストラの醍醐味《だいごみ》に通じる？

結局、全員で一つのことをやっている、ということに収斂《しゅうれん》されますが、ぼくに言わせれば音が出ている現場の楽しさですね。

――つくった曲が演奏されるとき、作曲家は何をしているの？

ホールならたいてい客席で聴いていますよ。テレビドラマや芝居の音楽をスタジオ録音するときは、ぼくの場合は指揮をしています。奏者の話を聞くと、神経がピリピリしている作曲家の仕事は、演奏している間じゅうつらいこともあるらしいですが、ぼくのときは楽しいと言ってくれる。そういう現場をぼくが好きだからでしょうね。

では最後に、音楽を「つくる」ということについてお話ししましょう。

第4章

つくるたのしみ

1

私にも曲がつくれる？

多くの人にとって、聴いたり歌ったり奏でたりするのは「もともとある曲」かもしれません。でも、民謡などは別として、すべての曲はもともとないところから、誰かがいつか生みだしたものなのです。そして次はあなたがそのつくり手になるかもしれません。というわけで、ここからは音楽を生みだすことについて考えてみましょう。

●音との格闘

「作曲」とは何か――。音は生きものですから、それ自体が〝自然なありかた〟をもっています。だから通常の生物のように、できるだけ少ない努力で動こうとする。放っておけば重力で下にさがっていくんです。ところが、人間は自然そのままを好むとは限りません。変化や、ときには破壊を好むこともあります。食べ物でも、絵や彫刻でもそうでしょ

美しいメロディをつくるのは、音に対する人間の意志の表れ？

う。だから音が下がっていったり、自然に上下に揺れたりするだけではつまらなくなって、その方向に対抗して上げてみよう、間にある音を省《はぶ》いてみよう、いや、飛ばして進めてみよう……など、さまざまな欲求が生まれてくる。その格闘《かくとう》がメロディになり、あとから「音楽理論」として理屈づけされたのではないか。だから、いろいろな工夫をして美しいと感じるメロディをつくろうとしたのは、音に対する人間の意志の表れかもしれません。

――うーん、ほんとうにそんな気がしてきた。でも自然に下がっていく音が、闘志をもってるって変じゃない？

放っておくと下がる（落ちる）だけです。ただ人間がちょっと何か手を加えると、それに反発して「そうじゃない」と言うんです。上げようとすれば、音は「自分はもっと下がりたいんだ」と反発もする。上げるには手立てが必要です。いちばんわかりやすいのは、拳《こぶし》にうんと力を入れて、中途半端じゃなく力いっぱい握《にぎ》りしめながら、一音ずつ「ドーレーミーファーソーラーシードーーーーッ」と（歯を食いしばって）歌ってみてください、ちょっとしたことをやった気分になります。

――いま、すごい顔してました。

音の意志がここに反映しているわけです。ところが、同じように力いっぱい拳を握りしめながら「ドーシーラーソーファーミーレードーーーーッ」と下がっていくと、ものすごく馬鹿馬鹿《ばかばか》しいんです。やってみるとわかりますよ、虚《むな》しいですから（笑）。何をやっているんだ、自分は、と。

――それはなぜ？

自分の力が何の役にも立っていないからです。音を上げていくのに入れた力は見合っていますが、放っておけば下がる音を下げるために力を入れても何の役にも立っていない、だから虚しい。下げるのに力を加える必要はないわけです。ただ、人間はそれだとつまらない、そこで音を上げようとしたり、方向を変えたりする、それが作曲の作業です。

――人間のちょっかいの出し方で、音も態度を変える？

そう、ときに同意してくれたり、ときに反発したりする。犬の散歩と一緒です。歩こうとしないから餌をあげてご機嫌《きげん》をとったり、かわいいメスを連れてきたり（笑）。

――なんとか言うことを聞かせようと宥《なだ》めたり……そのせめぎ合いが作曲なんだね。

●真似と想像

――いちばん最初に作曲したのは？

いま考えると、病気で小学校に入れなくて「浪人《ろうにん》」していた期間に膨大《ぼうだい》に作曲しているんです。七歳くらいでしょうか。小学校に入ってからも、夏休みや春休みには、北原白《きたはらはく》秋《しゅう》や島崎藤村《しまざきとうそん》の詩集など文庫本一冊まるごと、詩を曲にしちゃう。またそのころから、音楽を聴くとすぐにそれを書き取り、弾いていました。プレスリーを聴くと、自分でピアノで弾いてみる。体が弱いころはラジオをよく聴いていて、朗読《ろうどく》された童話も書き取るのですが、覚えていないから途中から自分でお話をつくってしまう。絵も好きでしたが、写生ではなく想像画。結局すべて「つくる」というところにいく、その一環《いっかん》として作曲があったみたいです。

——**聴く喜びがつくる喜びに直結した？**

そう。何かの折に聴いたシューベルトの曲で、すごく好きな部分があって、似たような響きをつくってみたいとか、そういうことを繰り返してきたんだと思います。

——**自分にもできそうな気がしてくるけど、才能がない……。**

才能じゃなくて、興味をもって試みるかどうかですよ。そういうことをやっていれば、聴くこともっと楽しくなります。絵も同じで、画家の卵は美術館に行って模写しますね。好きな音楽があれば、まず自分でそっくりな音楽を書いてみるとか、そういうところから始めると面白いかもしれません。ぼくもモーツァルトそっくりの曲、ドビュッシーそっくりの曲……たくさん書いてきました。好きなものにアプローチするところから始まります。

ただ、ぼくの時代までは、子どものころから楽器などをやっていた人が音楽の道に進むことが多かったのですが、今は、音楽を描いた小説やアニメなどがきっかけで入ってくる

小説やアニメがきっかけで音楽の道に入る人が増えている

人も増えていますね。

――音楽への入り方も多様化してきた？

そういう時代になりました。高校の後輩で、いま現代音楽の作曲で活躍している男ですが、高校を卒業するときに美術か音楽か演劇か、何か芸術をやりたい、と迷って、作曲を選んだそうです。それまでやったことがないのに、不思議なやつだなあ、そういう時代になったのかと驚きました。それで東京藝大に入りプロになった。現代音楽が数学的になってきた話をしましたが、そうなるとピアノが弾けなくても頭で考えれば作曲ができるわけです。

●作曲は教えられない？

――作曲家になろうとすると、先生が大事なんじゃないの？

経験からお話ししますと、その点、ぼくはまったく駄目《だめ》な弟子でした。東京藝大に入っていた池内友次郎教授（一九〇六―九一）は師匠らしい師匠で、われわれから見れば保守的ですが、表面的なことや流行にはとらわれない、本質をいつも捉《とら》えている人でした。日本の作曲の歴史にその名を刻《きざ》む、黛敏郎《まゆずみとしろう》さん（一九二九―九七）や三善晃《みよしあきら》さん（一九三三―二〇一三）をはじめ名だたる作曲家を育てた名教授で、皆に尊敬されていました。でもぼくは反抗的で、自作の曲を見せると「ここを直せ」「あそこを直せ」と批判されるだろうから、二年生のとき試験に出す曲を一度も先生に見せずに提出したのです。しかも室内楽を書くという課題に、演奏に一時間以上かかる五楽章の超長い弦楽四重奏曲を出した。当然、大目玉を食らうのですが、その落とし方が面白い。「お前はもう知らん、おれは見たくない」と自分の弟子を何人か挙げて、そこへ行けと言われました。それで三善先生のもとに行ったのです。後からわかったのは、それが池内先生のやり方だったんですね。ある程度書けるなと思った学生は、自分のもとから離してまだ若い講師の弟子に任せるんです。

――じゃあ「作曲の方法」を教えてもらうことはなかった？

池内先生はこう言いました、「作曲はできる人は教えなくてもできます、できない人は教えてもできません」（笑）。学生時代はひどいことを言うなと思っていましたが、ある年齢に達すると「ああ、そのとおりだな」と。

一所懸命に努力しても、できない人はできない!?

もちろん努力や勉強、訓練などはあると思いますが、創作意欲やものをつくろうという姿勢などはその人次第です。「ものをつくろうと思いなさい」「はい、ではそう思うことにします」。そういうものじゃない。とくに作曲についてはそうで、たとえば楽器の演奏なら、ある程度訓練を重ねたり場数《ばかず》を踏《ふ》んだりすれば、それなりにできるようになります。でも「ものをつくる」というのはそうはいきません。つくったように見せかけることはできます。人真似《ひとまね》や、デザインでも、一目見たときに「なかなかいいじゃない」と思わせるものをこしらえることはできる。作曲にはいろいろな理屈があり、専門的なことをいえば和声学や対位法などの作曲法、管弦楽法といったオーケストラの楽器の使い方などは教えられます。こういう音の次にこういう音をもってくれば効果的、などの古典的な規則もある——といっても十九世紀の半ばあたりからどんどん破られてきてはいますが。ただ、他の人には決してできない独創的なもの、その人の個性でしかないものは、教えられません。

その人の個性でしかないものは教えられない

――だったらバッハもモーツァルトも、教えられて上手になった、とかいう話ではない？

そう思います、もうそれは才能です。矢代秋雄《やしろあきお》先生（一九二九―七六）は「モチーフを思いついたら、書いてから一週間放っておけ」と言いました。寝かせておいて直す、を繰り返すうち、もう直さなくてもいいや、と思ったら先へ進めと言うのですが、ぼくはだめでした。そんなことしたら、興味を失ってしまう。

●曲で自分を表現する

――もしかして、せっかち？

そうかもしれません。それに学生時代は曲を書くことがとにかく好きだった。曲を提出する試験では、同級生は一曲書くのに汲々《きゅうきゅう》としているのに、ぼくは何曲もできちゃって、試験に提出しないものは学内で友だちに演奏させて発表していた。

――寝かせるどころじゃない。書けなくなったことはない？

大学三、四年のころに、先輩の松村禎三《まつむらていぞう》さん（一九二九―二〇〇七）のところによく遊びに行っていたんです。その師匠の伊福部昭《いふくべあきら》さん（一九一四―二〇〇六）などいろいろな作曲家についての話を聞いていると、哲学みたいに深遠《しんえん》なんです。半徹夜《てつや》になることがよくありました。そんな松村さんに、あるとき、「君は〝作曲坊《ぼう》や〟だな」と言われたんです。好きでどんどん書けるのはたいしたものだけれど、社会的にどれほど意味があるのか。自分一人で遊んでいるだけだ、と。そうしたら途端にスランプになって、書けなくなってしまいました。

――相当にショックな一言だったんだ。

そうですね。実際、学生時代は好きなものを好きなように書いていればよかったのですが、卒業すれば、自分の宇宙観なり世界観なりを曲に封じ込めて世に発表しなきゃならない。いわば自らの主張を世の中に公開する立場になる。

じつは、卒業直後にある賞をもらったんです。「大学で習ったアカデミズムとこれでオサラバしよう」と書いた交響曲（第一番）が音楽之友社賞《おんがくのともしゃしょう》に選ばれ、副賞は世界一周の航空券。楽譜も出版され、日本フィルハーモニー交響楽団の定期演奏会で演奏されました。自分としては一区切りついた、習って蓄積《ちくせき》してきたものはすべてそこで使い切って、これから別のことをやらなくてはならない、そんなときに「作曲坊や」と言われたものだから、何をしていいかわからなくなって、以後ピタ一ッと二年間ぐらい書けなかった。

――人生の一大危機？

ところが、ちょうど入れ替わるように、NHKや俳優座《はいゆうざ》、文学座などの劇団、映画会社などから作曲依頼が入ってくるようになった。賞を取って名前が出たおかげでしょう。最初は劇映画ではなく科学映画とかドキュメンタリー映画でした。そういう音楽はいくらでも書けたのです。

――えっ、なぜ？

自分の作品は書けなくても、「こういうものを書いてほしい」と注文されればスラスラと。

一つの曲は一つのことだけを言えばいい

——注文仕事はこなせたんだ。で、どうやってスランプを脱出できたの？

そのうち東京混声合唱団から合唱曲を依頼されて、『万葉集』の相聞歌《そうもんか》で曲を書こうと考えた。同じ時期、ある邦楽の演奏家から箏《こと》一面（箏は一面、二面と数えます）の曲を依頼されました。まったくジャンルが違います。いま振り返ればそのときに気づいたのだろうと思うのですが、合唱でやりたいことを一つやればいい、邦楽でやりたいことを一つやればいい、と。今まで学んで蓄積してきたものは、あの交響曲で全部使って捨てたのだから、もう余計なことを考えず、「一つの曲は一つのことだけを言えばいい」ということに思い当たった。そうしたら書けるようになったんです。しかも、自分がその曲で主張するのは何か、ということが見えるようになってきた。

——スランプで苦しんだから見えてきた？

そうかもしれません。気がつけば作曲で食べていけるようになっていました。

●注文を断るとき

――頼まれ仕事にも、主張を表現できる度合いの差がありそうだけど、注文が来ればなんでも引き受けた？

断ったいくつかの笑い話はありますよ。一つは、栃木県宇都宮《うつのみや》市の郊外《こうがい》に建材に使う大谷石《おおやいし》を切り出した巨大なドームがあり、音がものすごく響く。そこでトランペット百人のレコーディングをするので、百声部の曲を書いてくれという。ギネスブックの記録では、中世にイギリスの作曲家が六十何声部かの曲を書いた、つまり六十数パートが違うことをする曲があるらしい。しかし百声部を書くなんて技術としては至難《しなん》の業《わざ》です。しかも人間の声であれば音域が広く、そのなかでいろいろとやれますが、トランペットは音域が狭い。それで百声部、しかもＬＰ一枚分で四十～五十分の曲だという。結局、断りました。

――限界というものはあるよね。

もう一つは、テレビコマーシャルです。まだパソコンがない時代の大型コンピュータのコマーシャルで、特別番組用のものだからCMも三分ぐらいと長め。その大型コンピュータに、ベートーヴェンが残したスケッチや断片などさまざまなデータをインプットすると、彼が書かなかった《交響曲第十番》のだいたいの形が出てくるというんです。ほんとうかどうか知りませんよ（笑）。それを基にして、ぼくに「ベートーヴェンの（幻の）《交響曲第十番》の最初の三分を書いてくれ」と。「映像はオーケストラがその曲を演奏しているシーンですか」と聞くと「いや、あなたにウィーンに行ってもらい、ハイリゲンシュタットのベートーヴェンの銅像の前で自分の書いたスコアを手に『これでいいか？』と見せる、すると銅像がコンピュータ操作で頷《うなず》いてみせるシーンだ」という（笑）。なんだそれ、マンガじゃないか、と断りました。ちなみに、その《交響曲第十番》はホルンで始まるのだそうです、ほんとうかなあ（笑）。

ぼくはコマーシャルの仕事は嫌いなんです。この製品はいいですよという売り込みに加担するのが苦手。若いころの苦い思い出もあります。代理店を介して頼んできた自動車販売店のコマーシャルで、代理店と打ち合わせて「こういう音楽にしよう」と楽器編成まで決め、そのとおりの曲を書いて、いよいよ録音というときにスポンサーの人が来た。その人が「イメージと違う」と言うと、なんと代理店の人が「われわれもそう思います」と寝《ね》返《がえ》ったんです。即座にクライアント側についた。そのとき、「こういう世界はいやだ」と思いました。その後、断れずに二、三やりましたが、原則として断っています。

●作曲は頭のなかで

――作曲はふつうピアノでするの？

そんなことないです。ヴァイオリンでする人もいるでしょうし、自分の弾く楽器であればいいんです。ベルリオーズはピアノが弾けませんでした。縦笛《たてぶえ》（リコーダー）はできたといいますが、それでもすごいオーケストラの曲をたくさん書いています。

――リコーダーだけで、いろいろな楽器が演奏する大曲をつくれる⁉

頭のなかで音がちゃんと鳴れば可能です。ぼくもピアノを使わずに作曲をするときがあります。じつはそのほうが速いんです。そのかわり、頭にすでにあるものでつくるわけですからまったく新しい試みや発見はしづらい。ピアノをまさぐっていると、何か新しい、予期しなかった響きに出会ったりすることもあるわけです。だから急ぐとき、とくに新し

ピアノを使わずに作曲をするほうがじつは速い

いことをするつもりのないとき――たとえばドラマの音楽を急いで書かなくてはいけないときなどは、ピアノを使わないほうが効率はいい。

五線譜に音符を書いていくことは「写譜」なんです、頭のなかにあるものを写す作業。これはスピード勝負なので、時間がかかると困る、だから線に手で玉をすばやく置いていく。パソコンではできません。浄書《じょうしょ》などはゆっくりとパソコンでやってもいいと思いますが、作曲はできるだけ速く写し取らないと消えてしまう。また、作曲は静かでないと、他の音が鳴っているとできません。でもそれをオーケストラの楽譜に整えていく作業は、じつはよくテレビを見ながらやったりしています。頭に浮かんだ時点で、これはフルートの音、オーボエの音……とわかっているのですから、形象化するのは「労働」なわけです。

エジプト滞在中、タンバリンとピアノの曲を仕上げなくてはならなくなったとき、ピアノなどないホテルの部屋で書き上げて、演奏会用の譜面として渡しました。

――自分で聴かないで、大丈夫なの？

だから聴いているんですよ、頭のなかで。

――あ、そうか。やっぱり作曲家になれる人となれない人がいるような気がするなあ。

おそらく頭のなかでの音の鳴らし方、自分の頭のなかにある音の聴き方、というのが（できる人とできない人が）あるんでしょうね。「作曲は教えられない」ということにつながるかもしれません。ある意味ではスポーツと似ていて、なぜ一〇〇メートルを十秒台で走れたりするのか、走っている本人もわからないでしょう。努力はもちろんですが、肉体のつくりと慣れに要因があると思います。

――この人は、一〇〇メートルを十秒台で走れるような体に生まれた、とか？

そういうのがあるんじゃないかと。野球で遠投するには、肩の出来具合や筋肉のつき具合、それが子どものころからの鍛錬《たんれん》の仕方と絡んでくる。同じように、頭のなかにある音を聴くという回路が体のなかにできていれば、作曲ができるんですね。たぶん遺伝ではなくて、どこかで自分で発見するか、気づくんじゃないかな。

――じゃあ、すごく音楽の才能があるのに、気づかないで一生過ごす人も……。

いるかもしれませんね。逆に、ラヴェルは馬車の事故か何かで、頭のなかで作曲はできても、それをどうしたら楽譜にできるのか突然わからなくなってしまったんです。作曲はできた、でもアウトプットできない、すごく気の毒ですよ。

――かわいそう。口に出して書き取ってもらうとか？

言葉なら聞き書きはできるかもしれませんが……。

――もし、楽譜を読み書きできなくても、曲をつくることはできる？

思いつくメロディをスマホで録音してみるといい

とにかく思いつくメロディを弾いてみたり歌ってみたりすればいいんです。今はスマホでも何でも簡単に録音できるのだから、あとで自分で聴いて楽しんだり、誰かに楽譜に起こしてもらったり、アレンジをつけてもらってもいい。聴いたものを自分のなかで自分のものに転換する、体のなかに入ってきたもの、インプットしたものをアウトプットに変える、スイッチングする面白さ。やってみるといいかもしれませんよ。

――なるほど！　万一そこで目覚めてプロを目指したくなったら……。

「一つの曲で一つのことを書けばいい」と先に言いましたが、「職業にする」というのはそれと関係があるのではないでしょうか。人は誰でもいろいろなことをやりたがる、あるいは何をやっていいのかわからない、あるいは何もやりたくない。でも「一つ探せばいい」んです。それがたまたま音楽だと考えれば、見えてくるものがある。いろいろなことをやりたいうちや何もやりたくないうちは、見えてこない。思い込みも一つの策ですね。

●音楽以外のことを

――音楽家になるなら、毎日、音楽を聴くほうがいい？

そんな必要はないですよ。皮肉っぽく聞こえるかもしれませんが、音楽以外のあらゆることをやることが大切だと思います。作曲家になったあかつきには、自分の作品を発表しなくてはなりません。職業として「家」という字がついたなら、世の中に何かを問わなければならない。自分の世界観を表明しなくてはならない、そのときに自分のなかに何もなかったらどうしようもない。絵を描いたり小説を書いたりするのと同じ、作曲は自分の内なるものを吐《は》き出すことです。内なるものとは、蓄積したものです。その蓄積をつくっておけと言いたいんです。それには本を読んだり、絵を見たり、さまざまな体験をしたり……そうするうちに、何を書けばいいか見えてきます。技術の習得も理論の勉強もあとからいくらでもできますが、体験はそのときにしかできないものが多いですから。

――音楽漬《づ》けだと、逃《のが》しちゃう経験があるかも。

音を書いて遊んでいるだけの「作曲坊や」にならないために、体験として、実感として、音を書くことによって、社会のなかで生きる、人と対話をする、自分の意見を伝える。それはすべて自分がなければできません。自分をつくれ、ということですね。

――社会や時代にも関心をもっていたほうがいい。

音楽も一種のメッセージですから。ぼくはいろいろなかたちで平和運動にも関わってい

作曲は自分の内なるものを吐き出すこと

ますが、そういう運動をしたくて入っていったのでなく、すべて音楽を書こうとすれば自分のなかにあるものが出てきて、結果的に運動につながっているのです。平和アピールが先にあったのでなく、「音楽家」として活動した結果、運動につながったんですね。

●曲づくりのプロセス

――具体的に、作曲をするときはテーマが先にあるの？

頼まれて書くときは、市制○○年のアニバーサリーとか、何かの記念とか、たいていある程度の主題はあります。そういう依頼にあまり陰鬱《いんうつ》な曲を書くわけにはいきません。一度、指揮者の岩城宏之さんに、あるホールのこけら落としのために急ぎで作曲を頼まれたとき、時間がないと言うと、「最後にフォルティシモで盛り上がれば、ほかは条件なし」と半ば命令調でした。そういうふうに作曲しましたが……。

――依頼の場合、何かしら条件はあるよね。

何の条件もない、ということはあり得ませんね。自由に書いてください、と委嘱《いしょく》されても三時間の曲を書くわけにはいかない。コンサートで他曲の前後に演奏されたりするわけですから。また、オーケストラの楽器編成もある。フルート五十人にヴァイオリン一人という曲ではまずい。

――もし自由度が高い場合は、どこから曲を発想するの？

楽器選びから始めますね。何の楽器のために書こうか、それを優先するということは、まず音色《おんしょく》が浮かぶわけです。絵でいえば色彩。なんとなく緑色の曲を書こうか、青い曲にしようか、それとも赤い曲か、それは文字どおりの色ではなくて音色ですから、曲全体の抽象的なイメージです。その音色ならあの楽器がいいな、というのが最初の段階。

ただ、楽器も自由というケースは実際はあまりないんです。友人の話ですが、箏《こと》の演奏家から曲を頼まれて、他の楽器とのアンサンブルで書いていました。すると書いているうちに箏がいらなくなっちゃった（笑）。いくらなんでもこれはまずいので、箏入りで仕上げましたけどね。

——そりゃそうだ。

その次に考えるのがテーマですね。お祝いなのか、悼《いた》む曲か、それが自由であれば何を白分のテーマにするか。ぼくは性癖《せいへき》のようなもので、二十代のころからどういう曲を書く場合でも「個と社会」の構図、その関係がつねにテーマとしてありました。ピアノ協奏曲ならピアノを個、オーケストラを社会と考え、その関係や絡み——あるときは個が社会に食い込んでいき、そこでやられてしまう、でもめげずにもう一度立ち上がって社会と立ち向かう——それが頭のなかに描かれ、ある種の音楽的なストーリーとなって、ぼくに曲を書かせてきました。マルセル・デュシャンの絵のタイトルをとった《Tu m'（チュ・ム）》（お前は、私を……）もその一例で、「お前」が社会を指しています。

——それ、「標題音楽」ってこと？

タイトルといっても抽象的なもので、曲がそれを描写しているわけではありません。題をつけるとすれば、ぼくに曲を書かせることになったテーマをタイトルにしますね。交響曲でもタイトルをつけたものはあります（第二番《トライアス》、第三番《エゴ・パノ》、第七

「個と社会」の構図、
その関係がつねにテーマとしてあった

番《一滴の共感へ》、第十番《次の時代のために》など）。

最近、ＳＪＯ（せたがやジュニアオーケストラ）のために書き終えた新しい曲のタイトルは《星をかぞえる Counting Stars》。オーケストラの子どもたち一人ひとりを星と考えて、それをかぞえるというイメージが最初にありました。たくさん星がいる、その星のためにぼくは音楽を書く、という感じでした。

――何か条件があった？

打楽器をたくさん使うという条件がありました。ベートーヴェンやモーツァルトなどの古典はティンパニが一人いればほぼ間に合いますし、近代でもせいぜい大太鼓とシンバルを加えた三人ぐらいで足りる。ＳＪＯには打楽器の子が多くて出番がなく、一つの曲でも交代で演奏したりしています。ですから《星をかぞえる》は打楽器を計六人使っています。それも星のイメージで、ウィンドチャイム、チューブラーベル、鉄琴《てっきん》など、きらきらした音がする楽器が並びます。

――一曲書くのにどれくらいの時間がかかるの？

八分ぐらいの曲ですが、いくつかの曲を並行しながら少しずつ書いて、だいたい一カ月ちょっとぐらいでしょうか。作曲は頭のなかでしていますから、音符にするのはそのあと。オーケストラのスコアを書くのは最後の最後です。だからその一カ月ぐらいは頭のなかで渦巻《うずま》いていたことになりますね。毎晩眠りに落ちるまでは、書きかけの曲が頭のなかで鳴っています。

●楽譜を手放したあと

――曲で思いを表現する、ってどうするのかな。《星をかぞえる》にはどんな思いを込めたの？

《星をかぞえる》はゆったりとした曲です。こせこせしないでゆっくりと歌を歌うような、宇宙や星空みたいに広く大きな気持ちになってほしい、という思いを込めました。

ＳＪＯに書くのは二曲めで、最初の《次の時代のための前奏曲》はテンポの速い活発な曲ですから、対照的にしたかったこともあります。曲に思いを込める方法としては、そうだなあ、発想の原点にある音色やテンポの感じ……人が野山を歩きながら、あるいは行進をしながら、あるいは一人で考えごとをしながら歌う歌はそれぞれ違うでしょう、《次の時代のための前奏曲》が手を振りながらタッタッタッタと活発に歩くときに歌うものとすれば、《星をかぞえる》は「自分がヴァイオリンを弾くってなんだろうなあ」と思ったりしたときに出てくるような曲であってほしい、と願いながら書きました。

——そうやって思いを込めたとしても、楽譜を渡してしまえば解釈や、どう演奏するかは指揮者や演奏家に任せちゃう？

思いをくみ取ってほしいとは思いますが、ぼくはわりと任せてしまうほうですね。演奏家のそばにくっついて逐一《ちくいち》指導する作曲家もいますが。

——まったく違う受け止め方をされる可能性もある？

あるかもしれませんが、そうされないために強弱記号やテンポの指定があるんです。「ゆっくり」と指定されて走り回るような演奏をする人はいないでしょう。これまで驚くような解釈をされた経験は思い出せないけれど、もしあったとしても「それもいいな」と思っちゃいます。新しい発見になりますし、面白がって次の作曲に生かせますから。

――演奏家の存在がモチベーションになることは？

音色や何かを主張するというよりはもっとあと、素材が頭のなかで渦巻いているとき、いよいよ誰かのために書くというとき、具体的にその演奏家がモチベーションになることは大いにあります。誰かのために書いた曲などはたくさんあって、たとえば《ギターは耐《た》え、そして希望しつづける》というギターソロの曲は、プラハの郊外にあるテレジーンというナチス・ドイツの強制収容所を訪れたときに発想を得たものです。そこには手づくりのヴァイオリンが展示してあって、収容所にいた人たちは苛酷《かこく》な環境にあっても楽器が欲しかったんですね。ギターはよく手づくりされる楽器なんです。そのときたまたま鈴木大介君という日本を代表するギタリストから曲を頼まれていて、そこで、苛酷な生活のなかでも決して希望を捨てないという思いが一つのギターに託《たく》されることもあるだろうと、そして彼ならそれを表現できるだろうと思った。このメッセージ性の強い、ぼくのなかで何を書きたいか非常にはっきりしている曲を、大介のために書いた。つまり収容所から得た発想、ギターという音色、信頼している演奏家、というモチベーションが合体したんです。ほかにも、ぼくのピアノ曲はほとんど、学生時代の同級生で現代ものを得意とする高橋アキが弾くことをイメージしてつくっています。また信頼するフルーティスト・小泉浩など、演奏家がモチベーションになることは多いですね。

――その人が演奏している姿を思い浮かべながら書く？

姿というより、その人の音が鳴っているという感じです。

2 編曲ってどんなこと？

●成功する条件

――編曲が見事なおかげで、頻繁《ひんぱん》に演奏される曲があると聞いたのだけれど、編曲って

いったいどういうこと？

映画『劔岳《つるぎだけ》 点《てん》の記《き》』（木村大作監督）には音楽監督として携《たずさ》わりましたが、オリジナルの曲をつくるのでなく、監督の要望で全編バロックの名曲を、映画の内容に合わせて楽器の編成やテンポを変えるなど、さまざまな「編曲」に徹しました。

バロック音楽は、ある意味で真っ白なキャンバスというか、モーツァルトやベートーヴェン、あるいはもっと後のロマン派、シューベルトやシューマンやブラームスになると、それぞれがものすごく挑戦的だったり肉感的だったり、いろいろな個性がはっきりしてきます。そういう意味ではバロックは無性格ではないのですが、白い。だからいろいろなものをそこに塗《ぬ》り込められるし、自分がこういうふうにしたいという方向にもっていける。映像を最大限に生かすよう編曲することにやり甲斐《がい》をおぼえましたから、とても楽しかったですね。

バロックは
無性格ではないが、白い

――原曲にどれくらい手を入れるの？

原曲の大事な音は変えません。でも何かを足したりはよくするし、和音を変えるケースもあります。許容範囲は無制限ですから、ものすごく改変してしまうケースもあります。パガニーニがヴァイオリンのために《24のカプリース》を書いていますが、いちばん有名な二十四番は、リスト、シューマン、ブラームスそしてラフマニノフなど多くの人が編作しています。

——もとの曲がわからなくなることもある?

ラフマニノフはそのパガニーニの曲をオーケストラ用のピアノ協奏曲《パガニーニの主題によるラプソディ》に使っていて、途中でムードミュージックによく使われるメロディが出てきます。主題の旋律を反対に進む反行形にしたんです。ほとんど、もとがわからなくなる編曲です。ただそこから出たメロディがすごく美しく、組み合わせも絶妙《ぜつみょう》。だから見事なのですが、これはもう発明に近いですね。

前に話したように、ビートルズをバロック音楽にしたのは面白かったですね。もとの曲がすぐれているからです。やはりもとの曲がよくないと編曲は面白くありません。またジャン＝フランソワ・パイヤールというフランスの室内管弦楽団のために《荒城《こうじょう》の月》《浜辺の歌》など十二曲ほどを編曲して《日本のメロディー》(一九七九年)というCD(はじめはLP）にしましたが、これはすごく楽しかったです。メロディを重ねていったり、途中で原曲にないカノン（輪唱）を入れたり。たとえば料理をしていて、ここに鷹《たか》の爪《つめ》を入れよう、ニンニクのスライスを足してみよう、調味料を加えよう、というのと同じで、自分から進んで編曲を発想することはほとんどないですけれど、やるのは好きですね。

●オーケストレーションとは

オーケストラ用に、どの楽器でどんなふうに演奏するかを考えることを「オーケストレーション」といいます。誰だってファッションの色合わせを工夫するでしょう。上半身を赤にしたらボトムは何色にしようとか、どういうアクセサリーをつけようとか。それをやるのがオーケストレーションですね。

——コーディネートってこと？

まあ、それもありますね。ようするにオーケストラに色彩を与えることです。たとえばムソルグスキーの《展覧会の絵》が頻繁に演奏されるのは、ラヴェルのオーケストレーションが素晴らしいからです。冒頭でトランペットが吹く「プロムナード」が有名ですね。ところがストコフスキーという指揮者のオーケストレーションでは、そこは弦楽器なんです。別の曲みたいに雰囲気が違う。じつはムソルグスキーはもともとピアノ曲としてつくったのですが、リムスキー＝コルサコフなどさまざまな人が編曲して合計百種類ぐらいのヴァージョンができた。そのなかで、ラヴェル版が圧倒的に有名になってしまったんです。

――それだけ優れているということ？

もちろん、ダントツです。ピアノ曲としても演奏されますが、この曲が百回演奏されるとすれば、うち九十回ぐらいはラヴェル版のオーケストラ曲でしょう。でもどんな曲でも、はじめはピアノ曲みたいな形で書いて、それをオーケストラに直すんです。ポップスや歌謡曲では、作曲者が録音などのかたちでメロディを渡すと、編曲家が楽譜に直してバンドやオーケストラの曲にアレンジしてくれますが、クラシックの場合は一般的に、オーケストレーションまでやるのが作曲家の仕事です。合唱のところでお話しした「阪神大震災鎮魂組曲」もふつうはピアノ伴奏で歌われますが、オーケストラ版もあります。合唱団から「オーケストラ版もつくってほしい」と頼まれて、直しました。

3 別の世界に開く〝窓〟

●コラボレーションの妙味って？

――先生はコンサートやイベント、テレビやラジオで話したり、音楽以外に文章もたくさん書いているのはどうして？

作曲が社会と接点をもつことを実感したい

音楽を補っているつもりはないのですが、音楽を書いていると、そこからこぼれるものが出てくるんです。それが蓄積されてくる。また、ぼくは音楽で社会に対するメッセージをいろいろと主張しているつもりですが、どうしても抽象的になります。そこで具象化できなかったものを文章にして充足《じゅうそく》しているのかもしれません。ラジオやテレビで話してきたことも同じで、言葉を使って何かを伝えていくことは、自分のやっている仕事がどこかで社会と接点をもつことを実感できる、その一環なんですね。自分が社会の一員であり、そのなかで考えを主張していく、それをどこかで実感していないといけない、そのノウハウの一つというか。音楽家だけの世界ではなく、つねに別の世界との接点を用意しておきたい。そこから開く窓があります。いろいろな窓をもっていることで「これはこの窓から発言していく」ということができないと、ぼくの場合は窒息《ちっそく》していくんじゃないかと思って。

——作曲との相乗《そうじょう》効果もあるのかな。

別の世界との接点ということで、異分野と音楽とのコラボレーションの話をしましょうか。世田谷区の音楽事業部の事業で、ぼくは音楽監督として異分野とのコラボレーションイベントを継続してやってきました。その道のエキスパートと語り、それに関わる音楽を演奏するというものです。前回は考古学者の吉村作治さんと「エジプト、クレオパトラと音楽」というタイトルで、古代エジプト恋愛詩集の翻訳を合唱曲にしたものや、八〇年代にエジプトの仕事をしていたときに作曲した打楽器音楽も演奏しました。

前にも話したように、日本人は音楽と他分野とのコラボレーションに世界一長《た》けている、とぼくは思っています。ハンスリックの純音楽理論をものともせず、日本人は舞踊、演劇、語り……あらゆるものを音楽と結びつけてきた。音楽が音楽だけじゃなかった。
もともと音楽は何かと一緒にできるものだと思うんです。映画や演劇とのコラボレーションは当たり前と思うかもしれませんが、映画や演劇に音楽がくっつくから当たり前なのではなくて、映画や演劇がそもそも音楽的なんです。黒澤明監督は「映画は音楽にいちばん似ている」と言いました。いろいろな意味があるでしょうが、一つは時間芸術であることで、起伏《きふく》があり、「はじめに」でお話ししたように、緊張と弛緩《しかん》が鎖《くさり》のようにつながっていく点を言っていると思います。でもそうでなくても、料理にしろ落語にしろ、何にでも音楽は結びつくと思います。

●映画と音楽

――映画とのコラボレーションは、たくさんやってきたとか。

そうですね。まず台本が来て、そこでイメージをつかむ。でも、いざ映像を見ると、自分の描いていたものとギャップが生じたりもする。それもまた面白い。一人ひとりは一本の枝に過ぎませんが、いろいろな枝がすべて監督という名の一本の幹に収斂されていく、それがこの仕事の醍醐味《だいごみ》です。あるとき黒澤監督に、「このシーンにつける風の音を決めてくれ」と言われたことがあります。監督が決めればいいじゃないか、と思いましたが、音に関することはすべて作曲家が決めるんだ、君は音楽監督なんだから責任をもてと。同じことを今村昌平《いまむらしょうへい》監督も言いました。『復讐《ふくしゅう》するは我《われ》にあり』でパチンコ屋に流れる音楽を決めるとき、音に関することすべてに責任をもつのが音楽監督だと。監督のイメージ、ストーリーや時代背景など全体をつかみとって音を決めるのが役割なんだということでしょう。そうやって学びながら、浸《ひた》り切ったという気がします。

――印象に残っている映画と音楽の経験は？

黒澤監督の『夢』。これは「終わらない」と思いました。果てしがないな、と。八話のオムニバスで音楽はいっぺんに録《と》ったのですが、「アフレコ（アフターレコーディング）」の逆で、「プレスコ（プレスコアリング）」。前もって楽譜を書くんです。最初が狐《きつね》の嫁入りの話（第一話「日照《ひで》り雨」）。音楽は撮影前につくっていて、狐がそれに合わせてコン、ポン、ポンと踊る。第二話「桃畑」で流れる雅楽も撮影前に書かれた曲に合わせて雛《ひな》人形たちが舞いを舞う。最後（第八話「水車のある村」）の葬儀の列も同じく。黒澤監督に「いつの時

池辺さんが音楽を担当した思い出深い映画『夢』（ワーナー・ホーム・ビデオ）。黒澤明監督、スティーヴン・スピルバーグ総指揮、日米合作、1990年公開。監督自身が見た夢をもとにしたという「日照り雨」「桃畑」「雪あらし」「トンネル」「鴉」「赤富士」「鬼哭」「水車のある村」の8話からなるオムニバス形式。

代のどこの音楽ともつかないものをつくってくれ」と言われ、そんな無茶苦茶なと思いながらつくった。そういうプレスコが何カ所もあって、音楽に合わせて撮影をしました。立ち会っていると、撮影現場では合っているように見えたのに、あとでフィルムを見ると現場では気がつかない齟齬《そご》がたくさん出てくる。最後の葬列で、シンバルを持った人が叩いているのに、そこにシンバルの音がなかったり、逆に太鼓が鳴っているのに、太鼓を持った人が腕を動かしていなかったりする。黒澤監督は、それを映像に合わせるように「シンバルの音を一発入れてくれ」「太鼓の音を抜いてくれ」とすべて指示を出しました。狐の踊りも、「ポンという鼓《つづみ》の音を〇・五秒遅らせてくれ」とそんな調子です。この是正《ぜせい》作業がたいへんで、スタジオに一日じゅう籠《こ》もっても、四、五秒ぶんしかできない。毎日、小さなスタジオで朝九時から夜九時までやってもそんなものでした。

これが最後の仕事になるのかなと思った

――うわー。先に踊ってもらって音楽をあとから入れてもだめ？

ますます合いません（笑）。一カ月ぐらいそういう作業をして、これは終わらないと。今となっては笑い話ですが、そのときは真剣に、これがぼくの最後の仕事になるのかなと思った（笑）。

――よく最後まで辿りついたね。

これはプレスコではありませんが、雪山のシーン（第三話「雪あらし」）では「モーツァルトの協奏曲のようなホルンの音がほしい」と言われて、四分ぐらいの曲を書きました。でも最後に効果音を入れていくダビング作業になると、吹雪の音がすごくて、音楽がだんだん聞こえなくなり、おしまいのほうでまた聞こえてくる。「あれほど長い曲を書かなくても、最初と最後だけでよかったじゃないですか」と監督に抗議すると、「吹雪の裏で鳴っているんだ」。さすがにそのときは、ぼくは怒ってスタジオから出て行ってしまった。助監督が追っかけてきて引き留めるので、結局戻りましたが――と、思い出がいっぱいある映画です。

――一本の映画の裏で、音楽だけでも一大ドラマが繰り広げられていたんだ。その他もろもろのほうが、作曲そのものよりたいへんみたい。

楽器も平凡なものでは物足りないと、監督がぼくの家にコレクションを見にきて、トルコのシンバルやエジプトで買った太鼓などを撮影に借りたいという。「色を塗《ぬ》ったり別なものをくっつけたりせず、もとのまま返してください」と条件つきでお貸ししました。そんなわけで、スクリーンに登場する不思議な楽器のほとんどは我が家から持ち出されたものです。

――これから映画を見るとき、音楽にも注意を傾《かたむ》けます！

●社会と関わる音楽

――音楽で社会に対するメッセージを主張するというのは、具体的にはどういうこと？

尊敬する画家の池田龍雄《たつお》さん（一九二八―）が「たまには絵筆を捨てようよ」と言いました。たまには絵筆を捨てて社会を見つめよう、社会に対して何を言わなきゃいけないか考えようと。まったく同感で、音楽家がいつでも五線紙やピアノに向かっていてはだめで、そこから目線をはずして別のものを見ることが、たまに、ではなく日常的に必要だと思っています。そこで何を見つめ、何を言うべきか、いつも自分に問い続けなくてはいけないと考えています。

音楽家がいつでも五線紙やピアノに向かっていてはだめ

――たとえば？

社会へのメッセージ性が強い音楽というのは、つくり手同士が「こういうものをつくろう」と話し合ってつくっていくんです。たとえば一九八四年作曲の混声合唱組曲《悪魔の飽食《ほうしょく》》（全音刊）は、毎年一回ずつ全国縦断コンサートを続けていて、今年の新潟公演で二十九回めでした。森村誠一さんが７３１部隊（第二次世界大戦中の関東軍防疫給水部。旧満州のハルビン郊外で細菌兵器などを開発、中国人捕虜《ほりょ》らを細菌に感染させたりなどの生体実験をした）について書いたノンフィクションを原作としていますが、きっかけは森村さんが本作をテーマに神戸で講演をしたところ、参加した人が詩にしてくれと頼んできた。それでできたのが、十六篇の長大な詩なんです。これは作曲するのはもちろん、歌うほうも、三、四時間歌いっぱなしで喉《のど》がつぶれるだろうし大変なことになる、それで短縮することにしました。でも非常にいい詩で、補作も改作もとんでもない。そこで編曲ならぬ〝編詩《へんし》〟を、合唱団代表とぼくが試みて、七楽章で四十分ぐらいの組曲に仕上げました。

――凝縮《ぎょうしゅく》されてメッセージ性が強くなったかも。

そうだと思います。全体の構成も、非常に重くて暗くて歌うのもつらいような部分もありますが、最後は未来に向かって明るく歌い上げるようにしました。そのために歌い終わるとものすごい充実感があるらしく、全国に何百人と歌い手がいる。毎年、まず公演の地元で合唱団が組織されるのですが、本番の前日に全国から歌う人が、多いときは四百人以上集まってきて、ステージに乗り切れないぐらいの人が一緒に歌う。その後のレセプションはもう同窓会さながら。沖縄と北海道の人が抱き合っていたりする。

――《悪魔の飽食》で全国の歌い手がつながっている。

そう、だんだん増えているので、ぼくは「悪魔の増殖《ぞうしょく》」と言っています（笑）。

●言論の自由と公演へのクレーム

ただし、これは最近の傾向ですが、公演にはそれぞれ前座《ぜんざ》があって、二〇一六年の福岡では合唱で知られる女子高の生徒たちが自分たちのレパートリーを披露《ひろう》しました。ところが当日朝、その学校に「純真な女子生徒をこんな公演で歌わせるとは何事か」というFAXが届いたのだそうです。しかし校長が「大事な公演だからこそ歌わせたのだ」と突っぱねた。その前年は前橋でした。群馬交響楽団との共演による合唱公演が終わってから入った情報ですが、県議会で「こんな公演に県や市の教育委員会が後援をするのはおかしい」というクレームが出たという。知事が「これまで二十回以上公演してきて、そんなクレームは一度もない。率先してやっている地域もある」と答えて事なきを得たそうです。

こういう空気が出てきたということです。近年の右傾《うけい》化の表れでしょう。これまでも言いたい人はいたのでしょうが、発言できなかった、それが平気で堂々と発言するようになってきた。これはとても怖い現象だとぼくは思っています。

社会的なメッセージをもつ音楽に
クレームが出る時代になった

——時代の変化……公演に影響がないといいけど。

現在の政権がその空気をつくっているのは確かです。世界もポピュリズムが拡大してきている。ただ、こういう傾向は抑圧下《よくあつか》では決して起きません。世界でも独裁政権が崩壊して民主化が進んだとたん、皆が主張し始めました。宗教、領土、人権……あらゆることで勝手なことを言い始めたから収拾がつかなくなって、あちこちがおかしくなった。人間は何かを封じ込められているほうが、もしかしたら平和なのかもしれません。

——事なかれになって、事が起きない？

一見自由になると、めちゃくちゃになってバラバラになる。人間とは不思議です、何が幸せかよく考えないと。だから公演にクレームがつくと、一方で「皆が何でも言えるようになったんだな」とも思うわけです。（愛知県で）「表現の不自由展」が中止になったのと同じことです。音楽は抽象的といいますが、こんなことを続けているとぼくは殺されるかもしれませんね。

――えっ……そうか、言葉と組み合わせると具体的になるもんね。

もう一つ、混声合唱組曲《こわしてはいけない》（二〇一六年、音楽センター刊）は、戦没《せんぼつ》画学生の作品を展示する長野県上田市の「無言館《むごんかん》」館主、窪島誠一郎《くぼしませいいちろう》さんが、平和憲法も含めて私たちのまわりのいま危ういものを守っていかなくてはならない、という思いを込めて書いた六篇の詩に作曲したものです。これも今や全国で歌われていて、昨年は沖縄県、今年は佐賀県で上演しました。

――ゆくゆくは音楽の力で社会を変えることもできるかも！

●〝全方位〟のこころ

――ふだんはいつ曲をつくっているの？

とくに時間は決まっていないですね。ただルーティンワーク的な習慣はあります。長年、朝目が覚めてベッドから起き上がる前に、今日の午前中にA曲をあそこぐらいまで書いて、昼食後はB曲をどこそこまで書いて、コーヒータイムのあと夕食まではたまっている原稿を二つ書いて、夕食後は寝るまでにC曲を書く——と一日のスケジュールをつくります。いくつかの曲を並行して書いていて、前日の進み具合で毎日変わるので。

——ということは毎日作曲してる……。

していきます。たいてい何曲か抱えていて、どう進めるか、前日までのはかどり具合や初演までの日程などを勘案《かんあん》して、毎朝決めるんです。

——頭のなかでメロディがごちゃごちゃにならないの?

なりませんね、ジャンルが違うから。でも一度、こんなことがありました。二〇〇八年に山梨の合唱団から八《やつ》ヶ《が》岳《たけ》をテーマに五曲の組曲を頼まれました(「YATSUGATAKE」全五曲。カワイ刊)。同じころ、山形県の飯《いい》豊《で》山《さん》をテーマに、やはり合唱組曲を依頼された(「飯豊山——我が心のアルカディア」全五曲。カワイ刊)のですが、作詞が同じ人だったんです。そして初演の日が一週間ぐらいしか違わず、ほとんど並行して書かなきゃならない。両方が山でしょう、同じ人の詞でしょう、書いていて八ヶ岳だか飯豊山だったかわからなくなって困りました（笑）。

――オーケストラやオペラや合唱、ドラマに舞台にと、全方位的！

〝全方位〟は結果なんです。まず、音楽に自分はディグリー（階級）をつけたくない。オーケストラの曲がトップで、次にオペラで……ではなく、どれも等価値と考えていて、すると結果的に全方位になる。

――嫌いなもの、苦手なものはない？

うーん、あまり考えたことないですね。それに、作曲も一つ専門をつくってそれに集中するより、さまざまな曲を並行して書いているほうが充足感があります。感性が散らばるほうがうまくいく。おそらく一つのことだけに打ち込んでいると、何もかもをそこにぎゅう詰めにしたくなっちゃうんです。若いころは誰でもそうですが、自分が知っていること、もっているものをすべてそこに詰め込みたくなって、結局は欲張りすぎて何をやっている

さまざまな曲を並行して書いているほうがかえってうまくいく

のかわからない作品になってしまう。ところが複数の曲を並行して書いていると、意識が分散してかえってうまくいくと思います。現実的に悩むことはありますよ、あるところまで書いて次をどうしようかと。すると少し放っておく。で、別の曲を書いて、また戻ると次の展開に気づいたりするんです。

●年齢と音楽

さきほどの映画『夢』の第八話「水車のある村」で、村を訪れた男の人（寺尾聰《てらおあきら》）に「夜は暗くないですか」と尋ねられた長老役の笠智衆《りゅうちしゅう》さんが「暗いのが夜だ」と答える。いい台詞《せりふ》です。この映画のあと、黒澤監督の仕事は『八月の狂詩曲《ラプソディー》』『まあだだよ』と続きました。それらを見た今村昌平監督が「黒澤はだめになったなあ、説教くさくなった」と言いました。でもぼくは、年齢に応じて言いたいことが違ってくると思う。黒澤監督が四十代で撮った『七人の侍』の殺陣《たて》などに比べると迫力がない、と今村監督は言いましたが、四十代のときは四十代なりの映画を撮り、八十になれば八十歳にしか撮れない映画を撮ったのだと思います。

三十年ぐらい前のことです。脚本家《きゃくほん》の山田太一さんが「シベリウスがうらやましいよ」

と言う。フィンランドは「ゆりかごから墓場まで」の国で、シベリウスは三十代から潤沢《じゅんたく》な国家年金をもらって、六十歳ごろにはもう何もしなくても生活できるようになった。九十歳以上生きるのですが、最後の三十年間は作曲をしていないんです。「悠々自適《ゆうゆうじてき》でうらやましい」と、山田さんはぼくより十歳ぐらい上ですが、そうつぶやいたときはまだ若かった。ところがずいぶんたって「前に言ったこと、撤回《てっかい》する」と言う。「歳をとったらわかった。七十になれば、七十でしか言えないことがある。ものをつくる人間として、シベリウスは許せない」。黒澤監督はシベリウスの逆を実践したのだと思います。たしかに『まあだだよ』は八十代の説教を聞いているみたいですが、それでいいんです。

――四十そこらで説教するのはまだ早い。

数年前、仙台《せんだい》フィルハーモニー管弦楽団から「武満徹《たけみつとおる》追悼《ついとう》のコンサート」で演奏する新作を頼まれました。ぼくは二十代後半から十年ほど、武満さんの楽譜書きのアシスタントをしていた時期があったんです。それで書いたのが《交響曲第十番》。初演したとき、ぼくは七十二歳だったかな。そのとき、小さいころからよく知っている娘の真樹さんに、「よかったよ。でも七十過ぎた人が書く曲じゃない。もうちょっとしんみりした曲を書いてよ」と言われました。

――ピチピチしていた？

で、やはりその年齢でしか書けないものを書かなきゃならんかなあ、と思っているところです。だから《交響曲第十一番》は、ハイドンにならって誰からの依頼でもなく、いま自分が書けるものを書きたいと思っています。

――幼いころに戻って、内から湧《わ》き上がるままに。

そうですね。後期高齢者になったことだし、「ここで少し方向転換しなくては」という考えもあります。ぼくにとっては「音楽ってなんだろう？」という問いは、その答えを考えられないぐらい、〝空気〟みたいなものです。はじめからそこにあったし、つねにぼくはそれと一緒に生きてきたし、死ぬまであるでしょうし、音楽がなくなったときは死ぬ時でしょう。

おわりに

いかがでしたか。

音楽って、不思議《ふしぎ》なものでしょう？

ところで、人間だけなんでしょうか、音楽を楽しむのは……。小鳥も歌いますよね。イルカだって、クジラだって、歌っているようですよ。

そのほかたいていの動物は声を出しますから、それは歌の一歩手前みたいなものかもしれません。ぼくが子どものころのことですが、叔父《おじ》の家にいた犬は、ぼくが吹くハーモニカに合わせてウォウ、ワン〜と嬉《うれ》しそうに声をあげました。ただしどういうわけか、吠えるのは「埴生《はにゅう》の宿《やど》」（イングランド民謡）という曲のときに限られていました。他の曲を吹いても、知らん顔。あれは何だったんだろう……。好きな歌を歌っているつもりだったのかなぁ。

もしかしたら、音楽は人間だけのものではないのかもしれない……。でも、音というものの構造を調べ、音を並べ、組み合わせ、流れを「つくる」のは、おそらく人間だけでしょう。本文でも触れましたが（六二ページ）、古代ギリシアのピタゴラス（紀元前五八二頃―

紀元前四九六頃）という人は、一本の弦の真ん中を指でおさえてはじくと、オクターブ高い音が出ることに気づきました。これは、振動数の比が一：二になったことなのですが、同様に三分の一のところをおさえれば、振動数比は三：二になり、ドに対してソ、つまり五度高い音が出る。このような音の構造を「倍音《ばいおん》」と言い、これがドレミファソラシド、すなわち「音階」の基礎となります。ほぼ同じころ中国では、水を入れた管を用いて、やはり「倍音」を発見しています。これは「音響学《おんきょうがく》」という物理の分野に属することですが、これを知らなければ音楽をつくることもできなかったわけですね。

小鳥もクジラも「埴生の宿」を歌う犬も、倍音のことは知らない。当たり前だ。繰り返しますが、だから、音楽を「つくる」ことができるのは人間だけ、ということになるわけです。

でも「つくる」ことと同じくらい大切なのが「聞く（聴く）」こと、というのが音楽。

インドに「ゴピチャントラ」（「ゴピチャント」「エークターラ」とも）という民族楽器があります。竹の小さなカゴ（底には皮が張られている）の左右に上へ伸びる棹《さお》があり、それは上で結ばれている。そこから針金が底の皮まで一本下りていて、この針金はてっぺんでネジ止めされています。この針金を右手の指ではじき、両側の棹を左手で締《し》めたり緩《ゆる》めたりすると、はじいた音がビヨヨ～ンと揺れる。おそらく、どこかに張られていた柵《さく》の針金か何かを、たまたまはじいたら面白い音がした。それを聞いて思いついた楽器じゃないかな……。

ブラジルには「ビリンバウ」という楽器があり、これは「カポエラ」という格闘技《かくとうぎ》の伴奏としてなくてはならないものだそうです。ですが、これはまるきり「弓」です。つまり、武器の弓矢の「弓」。弓のツルというか張ってある弦にヒョウタンがくっついている。細い棒で弦を叩き、ヒョウタンに共鳴《きょうめい》させるんですね。武器として使っていた弓を誰かが叩いたら、面白い音がした。きっとそれがモトでしょう。本文でも紹介した「スティール・パン（スティール・ドラム）」（六二ページ）も、そもそもたがいに「聞く」という連絡法があって、そこから生まれた楽器です。あらゆる楽器は「聞く」ことが原点なのではないかと思います。

世界中どこの国でも、どこの地域でも「民謡」のないところはありません。そして、あらゆる民謡は、その国や地域の特徴を備《そな》えています。

この話は本文中にも出てきますが（九一ページ）、一九八〇年代、ぼくはエジプトの仕事をしていて、しばしば彼《か》の地を訪れました。現地の民謡などもたくさん聴きましたが、ほとんどの民謡が同じリズムなんです。文字で書くのはむずかしいけれど、「トッタトッタ、トタタタトッタ……」といった感じ。面白かったですね。

ぼくは、テレビや演劇のための作曲の際に、どこかの自然発生的な民族音楽を「つくる」ことがあります（すでにある音源を使うと高い使用料を支払わなければならないので）。もっとも苦労したのは、奈良県の明日香村《あすかむら》に残る遺跡、酒船石《さかふねいし》が、じつは宗教の道具だと主張する考古学者を主人公とするテレビのドラマの音楽を担当したときです。この学者が、古代ペルシャの宗教ゾロアスター教が日本へ伝わってきていた、という（架空《かくう》の）学説を主張し、その古代宗教の儀式《ぎしき》のなかに自分がいる、という幻影《げんえい》を抱く。その儀式の音楽をつくらなければならなかった。いろいろ調べました。しかし書物はあっても「音」はわからない。作曲期間は三日くらいしかない。困り果てたら、気がついたんです――これだけ調べてわからないということは、どんな音楽を書いても、誰もわからない！

そこで、あの辺りの楽器を使い、中東地域の民族音楽や、祈りのフシまわしなどを参考に、ほとんど勝手につくってしまった。以来、半世紀近くたっても、どこからもクレームが来ませんから、あのときぼくが得た結論はまちがっていなかった！

あるときは、アフリカのサバンナを流れる風のような音楽を、と注文されたこともあります。南米のケーナという笛を多用した「架空の民族音楽」をつくったこともあります。ロシアの作家チェーホフの『桜の園』の音楽を担当したときは、演出家の要請《ようせい》で古い時代のロシアのワルツをたくさん書きました。また『スカーレット』という、かの名画『風と共に去りぬ』のその後を描く芝居のときは、アイルランドの民族ダンスの曲をいくつも書きました。アイルランドのダンスはたいてい八分の六拍子なんです。そういえば、日本の民謡はほとんどが二拍子ないし四拍子で、おとなり朝鮮半島では、ほとんどが三拍子。「アリラン」や「トラジ」などよく知られた朝鮮民謡も、三拍子です。近い国なのに、全然ちがう。面白いですね。

というわけで、面白いけれど、「はじめに」でお話ししたように、「音楽ってなんだろう」といっても、答えはいろいろ。にもかかわらず、ぼくたちの周囲には音楽があふれていて、多かれ少なかれ、誰もが音楽に触れています。つまり、音楽はきわめて身近なもの。むずかしいもの、高尚《こうしょう》なもの、理屈っぽいものじゃない！　ということですね。

結局、ぼくがこの本で皆さんにお伝えしたかったのは、そのことに尽きるわけ。いやぁ、やっぱり、音楽ってすてきです！　「なんだろう」と思ったら、まず、そこに入っていってみてください。思い切って、浸《ひた》ってみてください。音楽は、必ずやあなたの大切な友だちになるでしょう。この一冊がそのきっかけになれば、と心から願っています。

編集の山本明子さんとの何度かのおしゃべりから、この本は生まれました。その対話を通じて、ぼく自身もあらためてたくさんのことを学びました。音楽はあって当たり前、空気のようなものと感じているぼくが、です。音楽って本当に、奥深い。奥深いけれど身近。身近だけれど、奥深い……。
　音楽って、なんだろう？

二〇一九年十月二十三日　　池辺晋一郎

池辺晋一郎《いけべしんいちろう》
作曲家。東京音楽大学名誉教授。1943年水戸市生まれ。東京藝術大学大学院修了。66年、日本音楽コンクール第1位、音楽之友社賞を皮切りに、ザルツブルクテレビオペラ祭優秀賞、イタリア放送協会賞、国際エミー賞、文化庁芸術祭優秀賞、尾高賞、毎日映画コンクール音楽賞、日本アカデミー賞最優秀音楽賞、NHK交響楽団・有馬賞、放送文化賞、JXTG音楽賞など受賞多数。2004年、紫綬褒章、18年、文化功労者。主要作品に交響曲第1〜10番、オペラ『鹿鳴館』『高野聖』、映画音楽『影武者』『楢山節考』『うなぎ』、テレビ音楽『黄金の日日』『元禄繚乱』『未来少年コナン』ほか、文学座、俳優座、無名塾の舞台など演劇音楽も多く手がける。NHK教育テレビ『N響アワー』で2009年まで13年間、司会をつとめた。現在、NHK-FM『N響ザ・レジェンド』の解説を担当。

中学生の質問箱
音楽ってなんだろう？
知れば知るほど楽しくなる

発行日　2019年12月11日　初版第1刷

著　者　池辺晋一郎
発行者　下中美都
発行所　株式会社平凡社
〒101-0051 東京都千代田区神田神保町3-29
電話 03-3230-6583（編集）
03-3230-6573（営業）
振替 00180-0-29639
平凡社ホームページ https://www.heibonsha.co.jp/
装幀＋本文デザイン　坂川事務所
DTP　平凡社制作
印刷・製本　中央精版印刷株式会社

ISBN978-4-582-83819-0
NDC分類番号760　四六判（18.8cm）　総ページ224

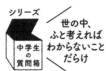